KB192846

치성광여래 신앙과 도상으로 살펴본 한반도 점성 신앙

치성광여래 신앙과 도상으로 살펴본 한반도 점성 신앙

정진희 지음

머리말

별에게 운명을 묻다

　밤하늘 별의 위치나 운행으로 인간사의 길흉을 점치는 점성술은 시대와 지역을 떠나 세계 어디에서나 존재한다. 별점을 통해 예측된 악운을 소재기도를 통해 풀어내고자 하는 인간의 바람은 하나로 모여 성수신앙으로 발전하였고 이와 관련된 문화적인 교류는 먼 옛날부터 이뤄져 왔다. 고대 메소포타미아 지역에서 탄생한 점성신앙은 그리스로 전해지고 다시 인도로 전파되면서 라후와 계도라는 상상 속의 별을 더해 아홉 개의 별로 운명을 점치는 새로운 점성신앙인 구요 신앙(九曜信仰)을 탄생시켰다. 라후와 계도는 운명에 나쁜 영향을 미치는 까닭에 그와 관련된 소재 신앙(消災信仰)은 지역과 형태를 달리하며 민간 풍습으로 남아 있는데, 한국의 처용 신앙도 그 가운데 하나이다. 하늘의 변화를 읽어 나라와 왕의 운명을 점치던 동아시아의 천변 점성문화에서 개인의 미래를 예측하는 서역 숙명 점성학의 중국 전래는 가히 혁신적인 사건이었다. 서역의 점성술에 대한 중국인의 호응은 뜨거웠고 태어난 연월일시(年月日時)로 사람의 길흉화복을 예측하는 사주명리학도 이에 영향을 받아 생겨났다.

　인도 구요 신앙은 중국 북극성 신앙과 결합하여 불교 성수신앙인 치성광여래 신앙을 탄생시켰고 9세기 중반을 전후해 한반도에도 그 영향을 나타내기 시작한다. 우리 조상들은 밤하늘의 별에게 수명을 빌고 자

손을 기원하며 운명을 물었다. 그들이 신앙해왔던 밤하늘의 천체들은 그 기능과 의미적인 측면에서 신앙의 대상이었지만, 그 형태가 조직과 체계성을 갖춘 것은 아니었기에 미신으로 금기시되어 왔다. 영성(靈星)과 관련된 신앙이 교학적 배경을 갖춘 종교 신앙으로 변화하게 된 계기는 구요신앙을 배경으로 하는 치성광여래 신앙이 한반도로 전래된 이후라 해도 과언이 아니다.

오늘을 사는 우리들에게 태양과 달을 포함한 아홉 개의 떠돌이별이 인간의 운명에 영향을 미친다는 구요 신앙은 낯설고 생경한 이야기다. 하지만 고려 국조 왕건이 이 별들을 신앙하여 창건한 구요당(九曜堂)에서도 볼 수 있듯 구요 신앙은 우리의 조상들에게는 익숙한 성수신앙이었다. 치성광여래 신앙에서 일반인들에게 어렵고 난해했던 구요의 존재는 대중에게 익숙하고 호응이 높은 칠성 신앙과 혼습되는 과정을 겪으며 점차 기억에서 사라져 갔다. 하지만 그 흔적은 '처용(處容)'으로 또는 '직성(直星)이 풀린다'는 세간의 말로, 무속의 '별성(別星)굿거리'로 현재까지 전승되어 우리네 풍습에 남아 있다.

불교 미술은 신앙과 철학, 의례가 복잡하게 얽혀 만들어진 종합적인 결과물이며 그 가운데 신앙의 종합적 모습은 불교 도상의 사상적 기저가 되는 주요한 사항이다. 신앙의 형태는 종교 미술인 불화의 조성에 중요한 배경이 되기 때문에 작품의 분석에 앞서 꼭 선행되어야 하는 연구 과제임에 틀림이 없다. 한반도의 치성광여래 신앙은 대중의 기호에 따라 그 성격을 달리하며 전승되고 있어, 불화의 도상이라는 구체적 양상을 통해 살펴보았던 일련의 결과들은 문화의 뿌리와 그 전개 과정을 알 수 있는 흥미로운 주제라고 생각한다. 본문에서는 한반도 성수 신앙을 주제로 삼아 미술 작품을 통해 논지를 펼쳐 나갔던 필자의 논고 가운데 신앙의 성립과 전래, 한반도에서의 전개 과정을 다룬 글들을 보충하고 수정하여 일반인이 접근하기 쉬운 해석을 더해 풀어가려 한다. 부족한 글을 모아 책으로 출판하려 마음을 내었던 이유는 이 분야에 대한 사람들의 학문적인 관심과 더불어 본인의 부족함을 발견하는 계기가 되길 바라는 마음에서다. 책이 출간될 수 있게 도움을 주신 많은 분들과 가르침을 주신 스승님들에게 감사를 드린다. 수고스러움을 마다않고 논문을 읽고 수정에 도움을 준 김경민 선생의 노고에도 감사한 마음을 전한다.

마지막으로 항상 힘이 되는 남편과 아들에게 미안함과 고마움을 표한다.

2021. 4

著 者

목 차

Ⅰ. 치성광여래 신앙의 연원

1. 신앙의 뿌리 - 인도 구요(九曜)

본명성(本命星) 신앙인 불교 치성광여래 신앙은 별의 움직임을 통해 인간의 미래를 예측하는 점성 신앙(占星信仰)인 인도 구요신앙에 그 뿌리를 두고 있다. 지구에서 바라볼 때 눈으로 관측이 가능한 태양과 달·화성·수성·금성·목성·토성의 위치를 추적하여 다가올 운명을 예측하는 점성술은 5000여 년 전 고대 바빌로니아에서 시작되었다. 그리스로 전파된 바빌로니아의 점성술은 천체의 위치에 따라 개인의 운명을 점치는 호로스코프(Horoscope, 宿命占星術)로 체계화되어 헬레니즘 시대에 융성하게 된다. 기원후 2세기경 인도 대륙으로 헬레니즘의 호로스코프와 7개의 행성에 근거를 둔 요일의 개념이 전래되어 조티쉬(Jyotish)라 불리는 인도 고대 점성학으로 발전한다. 인도인들은 7개의 행성에 황도(黃道)가 오르내리면서 달과 교차할 때 만나는 승교점(북교점, north node)과 강교점(남교점, south node)을 의미하는 허성(虛星)인 라후(羅睺)와 계도(計都)라는 별을 더해 구요(九曜)를 완성하였다.[1] 현재 우리에

---

[1] 구요의 기원에 관해서 서윤길(『고려밀교사상사연구』(불광출판부, 1994년), 131 쪽)은 고대 자이나교 성전에도 구요와 관련된 점성의 내용이 있어 신앙의 기원은 꽤 이른 시기까지 올라가는 것으로 추정한다. 반면 심재관「불교의 신들 - 구요」 (법보신문, 2016.01.25)은 기원후 2세기부터 그리스 역법이 인도식으로 탈바꿈하

게 구요는 익숙하지 않지만 고려 시대에는 북두칠성만큼이나 신앙되던 성수들로 태조 왕건은 924년 구요당(九曜堂)을 창건하여 이 별들을 모셨다.

조티쉬(Jyotisha)라 불리는 인도 베딕(Vedic) 점성학에서 구요는 태양의 신 수리야(Surya), 달의 신 소마(Soma, 혹은 Chandra), 현자로 묘사되는 수성(水星, Budha), 친절한 악마의 스승이라는 금성(金星, Shuka), 전쟁의 신인 망갈라(Mangala) 또는 앙가라카(Angraka)로 불리는 화성(火星), 신들의 스승인 목성(木星, Brihaspati), 어둡고 불길한 의미를 내포한 토성(土星, Shani) 그리고 라후와 계도라는 아홉 개의 별로 구성되어 있다.[2] 운명을 예측하는 점성술에서 달과 금성, 목성은 길한 행성으로 여기지만 태양과 화성, 토성은 흉한 별로, 수성은 중립적인 운을 가진 별로 생각되었다.

숨어서 보이지 않는 별인 '은요(隱曜)'인 라후와 계도는 어떤 행성과 합을 이루느냐에 따라 길흉을 증폭시키는 힘을 가지기 때문에 인간의 삶에 큰 영향을 준다고 여겨졌다. 힌두교와 불교 모두에서 숭배되었던 구요는 '아홉 방위의 수호신'으로 각각이 지배하는 지역의 보호를 위해 신상을 만들어 기원하는 신행이 있어 왔다. 구요 각각의 별이 사람의

여 3세기 무렵 칠요(七曜)가 인도 점성술에 등장하였으며 이후 일식과 월식을 의미하는 라후와 혜성을 나타내는 계도가 탄생하였다는 의견이다; 藪內 淸, 兪景老 譯編, 『中國의 天文學』, 電波科學社, 1985, 105쪽. 칠요의 기원은 일곱 번째 날을 신성시하던 바빌로니아인과 유대교도 사이의 종교적 관습과 이집트에서 발생한 일월오성(日月五星)의 칠요(七曜)에 바탕을 둔 점성(占星)상의 행성일(行星日)이 결합해서 생겨난 것이라 한다. 칠요의 개념은 인도에 전래되어 밀교에 영향을 주었다.

2 안넬리제. 페터 카일하우어, 김재성 옮김. 『힌두교의 그림언어 - 인도 신들의 세계와 그들의 상징체계』, 동문선, 2008. 291쪽.

운명을 구속하고 자신들이 태어난 달에 해당하는 십이궁 별자리를 관장한다고 믿었던 인도 사람들은 구요 사원(the Navagraha Temple)에서 소재법식을 올려 악운을 방지하고 복을 구했다.[3]

인도에서 구요를 형상화한 조각 작품은 7세기 초에서 9세기까지 많이 제작되었는데 북인도에서는 주로 사원의 안채로 통하는 문의 상인방(上引枋)에 부조로 새겨져 있고 남인도에서는 큰 사원의 내부에 있는 전각에 모셔지고 있다. 인도뿐만 아니라 네팔의 종교 의식이나 제식 행사에서도 구요성이 자주 모습을 보인다. 특히 태양의 신인 수리야는 대중적인 선호도가 높아 독자적인 신행도 이루어진다. 구요의 조각에는 일정한 배치 순서가 있는데 향 좌에서부터 일요를 시작으로 그 옆으로 월요, 화요, 수요, 목요, 금요, 토요 순서로 놓이고 향 좌측 마지막에는 상체만 묘사된 라후와 하체가 뱀의 꼬리처럼 조각된 계도가 있다.(도 1)

인도에서 수리야는 손에 연꽃이나 곤봉, 소라고둥을 가지고 화려하고 아름답게 치장한 외모에 얼굴에 미소를 띤 청년으로 대부분이 말에 앉아 있거나 말이 끄는 전차에 타고 있는 형상이다.[4] 수리야가 타는 마차의 마부는 태양조 가루다의 형제인 아침의 신 아루나(Aruna)이며 수레를 끄는 일곱 마리의 말은 일주일을 의미한다. 달의 신 소마는 천상

---

3 Balaji Mundkur, 「The Alleged Diffusion of Hindu Divine Symbols into Pre-Columbian Mesoamerica: A Critique」, 『Current Anthropology』 Volume 19, Number 3, September 1978, 555쪽. 인도에서 구요 신앙은 6세기부터 16세기까지 성행한 것으로 보이며 그 영향은 중국을 비롯하여 인도네시아와 캄보디아를 거쳐 멀리 남아메리카까지 번져 나갔다.

4 안넬리제. 페터 카일하우어, 김재성 옮김, 앞의 책, 109쪽. 인도 미술에서 소라고둥·진주고둥이 암시하는 의미는 절대자가 나타내는 현시(現示)로 피조물에 대한 알림이다.

도 1. 구요(Navagrahas), India, 10세기, 39.37×74.3×11.43cm,
San Diego Museum of Art.

에서 지상으로 떨어지는 불사의 감로수를 의미하는 소마 풀의 즙에서
그 어원을 찾을 수 있는데 달은 원래 하늘나라 물의 근원이기 때문이
다. 소마의 모습은 흰 옷을 입은 남자로 손에 드는 장신구는 물 단지,
염주 또는 초목을 상징하는 연꽃, 곤봉 등이다. 소마의 성스러운 동물
인 바하나(Vhana)는 열 마리의 흰 말과 사슴 등이다.

　　망갈라(Mangala)는 힌두교에서 붉은 행성인 화성을 의미한다. 시바
의 땀 혹은 핏방울에서 태어났다는 전설을 가진 망갈라는 시바의 아들
가운데 하나이다. 전쟁과 승리의 신이며 붉은 불꽃으로 묘사되고 삼지
창이나 연꽃, 창 등의 지물을 가지고 화요일을 주재(主宰)한다. 부정적
인 의미로는 도둑, 어린아이의 질병, 독신주의의 보호자란 특성을 보인
다. 점성학이 시작되었다고 하는 바빌로니아 지역에서 화성에 해당하
는 네르갈(Nergal)의 신성 역시 파괴와 굶주림 등 전쟁과 관련이 있어
화성의 의미는 시대와 지역의 차이 없이 공통성을 보인다. 망갈라가 타

는 바하나는 산양(염소)이다.

수성을 나타내는 부드하(budha)는 남성의 형상으로 대화와 상업을 주관하는 신이다. 바빌로니아 점성학에서 수성을 의미하는 신은 지혜와 필기의 신인 나부(Nabu)이고 8세기 불교 경전 삽도에 그려진 수요는 붓과 종이를 가진 모습으로 묘사되어 있다. 화성과 수성을 의미하는 신들의 모습과 성격은 지역과 시대의 구분 없이 대체적으로 유사성을 보인다. 인도의 전설에서 부드하는 달의 신 소마와 목성신의 아내인 타라의 아들로 등장한다. 자비로움과 민첩한 마음, 기억과 연관이 있으며 형상으로 나타낼 때는 초록의 작은 남성으로 여덟 마리 바람의 말이 끄는 공기와 불로 만든 전차를 탄다. 수성의 바하나는 날개가 달린 사자이고 손에 드는 지물로는 곤봉과 방패를 가지고 있다.

목성은 경건과 종교, 희생과 가르침 그리고 인간사의 중재를 의미한다. 브리하스파티는 힌두교 창조의 신인 브라흐마가 천상 세계의 수호신으로 나타나는 모습이기도 하며 금빛 또는 노란빛으로 상징된다. 손에는 고행자의 지물인 염주나 지팡이, 연꽃을 쥐고 있는 형상으로 목성의 바하나는 코끼리이다.

금성을 나타내는 슈크라는 산스크리트어로 '맑음' 또는 '밝음'을 뜻하기 때문에 순백의 깨끗함을 상징하며 부와 쾌락, 재건을 의미한다. 그리스 문화권에서 여성신으로 묘사되는 금성은 인도 구요에서는 백마혹은 악어를 타고 막대와 활, 화살을 가진 악령인 아수라의 지도자로 추앙받는 남성신이다.

토성의 색은 검은색이다. 힌두교에서 샤니는 정의의 신이며, 영적인 금욕과 참회, 훈육을 나타낸다. 고행을 통한 배움과 장수를 의미하는 샤니는 늙은이의 모습으로 묘사되기도 하는데, 불교 경전의 삽도에는 늙은 브라흐마로 표현되어 있다. 하지만 힌두교 문헌에서 샤니는 불행과 상실을 전달하는 역할을 맡고 있으며 업보에 따라 부와 축복을 줄 수도 있다. 전설에 의하면 시바의 아내인 파르바티가 아들을 낳은 뒤 기쁨에 겨워 신들을 초대하여 축복의 말을 부탁하였다. 모든 신들이 아이를 보며 감탄을 할 때 검은 토성의 신인 샤니 만이 자신의 눈빛으로 어린 아들에게 저주를 일으키는 일이 없도록 아이를 보지 않았다. 하지만 파르바티는 자신의 아들을 봐주길 요청하였고 샤니가 그 아이를 쳐다보자 어린 아들의 머리는 잘려 버렸다. 브라흐마와 비슈누신이 코끼리 머리를 아이의 목에 붙여 주었고 이렇게 탄생한 신이 가네샤이다.

라후와 계도는 어두운 행성들이다. 라후와 계도는 태양과 달의 궤도인 황도와 백도가 만나 일식과 월식을 일으키는 지점인 북쪽 노드(north node)와 남쪽 노드(south node)를 의미하는 '은요(隱曜)'다.[5] 두 별은 태양과 달이 가는 길인 황도와 백도가 교차하는 지점(node)을 나타내는 가짜 별(虛星)로 일식과 월식을 의미하기도 한다. 힌두교 신화에서 라후는 용의 머리이다. 반항적인 행성으로 권위를 싫어한다. 인도에서는 옛날부터 라후는 일·월식을 일으키는 요물로, 계도는 혜성(彗星)으로 여겨지고 있었다. 라후의 명칭은 어원적으로 '잡다'라는 동사와 관계가 있다.[6]

인도 힌두교 신화인 유해교반(乳海攪拌)에 따르면 라후와 계도는 원래 하나의 몸이었다. 아수라의 왕인 라후는 영원불사의 힘을 가진 신들의 음료 암리타(Amrita)를 훔치려다 태양의 신인 수리야(Surya)와 달의

---

5 달의 승교점인 북쪽 노드는 인도 점성에서는 라후라 불리고 고대 유럽 문헌에서는 용의 머리를 의미하는 카푸트 드라코니스(Caput Draconis)이며 티벳에서는 칼라그니로 지역에 따라 차이를 보인다.

6 야노 미치오, 전용훈 옮김, 『밀교점성술과 수요경』, 동국대학교 출판부, 2010, 186-188쪽.

신인 소마에게 들킨다. 수리야와 소마는 이 사실을 힌두교의 최고신 비슈누에게 알렸고 비슈누는 그를 상징하는 무기인 차크라를 날려 라후의 머리를 베어버렸다. 하지만 이미 영생을 주는 암리타를 입술에 적신 라후는 죽지 않고 살아 머리는 라후가 되고 몸통은 계도로 나뉘어 불사의 상태가 되었다. 이런 이유로 태양과 달에 원한을 품은 라후와 계도는 이들이 근처에 나타나면 삼켜버려 일식과 월식을 만든다.

헬레니즘 문화권의 동부 전역에는 일식과 월식을 일으키는 용과 관련된 신화가 전해져 오는데, 이슬람 천문에서 라후와 계도는 하나의 형상으로 합쳐져 월식을 나타내는 용(Jawzahr)으로 그려진다. 인도에서도 처음에는 라후만이 일식과 월식에 영향을 준다고 생각되었으나 시대가 흐르면서 서서히 헬레니즘 문화에 영향을 받아 라후의 꼬리 부분을 계도라고 부르게 되었다고 한다.

2. 구요, 불교 호법선신으로의 변화

구요는 점성술과 관련하여 '본명성(本命星)을 잡는다'는 의미로 구종집요(九種執曜)라 표현한다. '잡는다'는 의미는 인간의 정신을 장악한다는 뜻도 내포되어 구요는 인간에게 나쁜 영향을 끼치는 악령과 같은 존재로 인식되고 있었다. 질병을 일으키는 병귀(病鬼)의 특징을 가지고 있는 구요는 밀교 경전인 『불모대공작명왕경』에서는 '이 집요(執曜)가 28개의 별을 따라 하늘을 순행할 때 낮과 밤의 시분이 늘어나고 줄어들게 하며 세간에 있는 풍년과 흉년의 고락을 미리 모양으로 보여 준다.'라고 큰 위력을 가지고 길흉을 보여 주는 하늘의 별들로 묘사되고 있다.[7] 천재지변이나 악재와 같이 부정적인 영향력을 행사하는 구요를 신행했던 구요 신앙은 숙명 점성 신앙이었기 때문에 닥쳐오는 운명을 바꿀 수 있는 방재적인 의미는 갖고 있지 않았다. 하지만 적절한 소재 의식을 통해 재액을 풀고 구원을 얻고자 하는 인간의 바람은 신앙적인 차원에서 그 답을 찾았고, 이는 불교가 구요 신앙을 수용·발전 시켰던 까닭과도 일맥상통한다.

불교 천문학은 오성(五星)의 개념에서 시작하여 태양과 달을 중심으로 두고 오요를 배치하는 칠요(七曜)로 진행되었다가 마지막으로 구요(九曜) 성신 체계로 발전해간다. 그 배경에는 식재(息災)와 증익(增益), 경애(敬愛)와 조복(調伏) 등과 연관된 밀교적 작법 의례의 특성들이 내재되어 있어 현실적인 필요에 의해 분화·발전한 것임을 짐작할 수 있다.[8] 인도 고대 의학서인 『아유르베다』에서 구요는 어린이들에게 집중적인 해악을 끼치는 아홉 신으로 등장했지만 이후 불교에 수용되면서 불법을 수호하는 호법선신으로 변모하였다. 불교의 성신이 된 구요는 더 이상 사람을 병들게 하는 존재가 될 수 없었고 한 걸음 더 나아가 질병으로부터 인간을 보호하는 신성을 가진 별의 신으로 변하게 된다.

불교로 수용된 구요의 성격 변화는 구요성 가운데 사람의 운명에 가장 큰 영향력을 보이는 라후와 관련된 설화들을 통해 살펴볼 수 있다. 불교 경전에 소개된 라후와 계도 역시 힌두교 설화와 같이 일식과 월식을 일으키는 아수라의 왕으로 등장하지만 세존의 말을 경외하고 따르는 성격으로 변화되어 묘사되었다. 팔리어로 쓰인 상응부(相應部) 경장인 『상윳따 니까야(Samyutta Nikaya)』에 의하면 태양의 신인 수리야와

---

7 『佛母大孔雀明王經』卷3(『大正藏』19, p.437上), "汝當稱念有九種執曜名號, 此執曜天巡行二十八宿之時, 能令晝夜時分增減, 世間所有豐儉苦樂, 皆先表其相"

8 박종식, 정승석, 「Navagraha(九曜) 개념의 융합적 전개 – 힌두교와 불교의 의학적 적용을 중심으로」, 『불교학보』제85집, 2018, 171-173쪽.

달의 신 찬디마(Candima)는 아수라의 왕인 라후에게 붙잡히자 세존을 생각하면서 구원의 기도를 올렸다. 세존은 라후에게 '수리야와 찬디마는 여래에게 귀의했으니 이들을 풀어주라' 명하였고 라후는 그 명을 따랐다. 성난 아수라들이 왜 그들을 풀어주었냐고 다그쳐 물었을 때 라후는 '세존의 게송을 듣고도 그들을 풀어주지 않았다면 아마도 내 머리가 일곱 조각이 났을 것이며 살아있는 동안 편안한 곳을 찾을 수 없을 것이다.'라 말했다고 하며 이로부터 라후가 부처에 대한 경외심을 보였음을 나타내고 있다.

구요는 이들의 대위신력을 신앙함으로써 일체의 재난으로부터 멀어지고 복된 삶을 누릴 수 있다는 밀교 경전의 교의적인 해석에 의해 단순한 점성의 대상에서 신앙하고 기도를 올리는 존격으로 탈바꿈하는 계기를 갖게 된다. 금요는 『불설대공작주왕경(佛說大孔雀呪王經)』에서 불교 호법선신으로 승화되었고 『대일경소(大日經疏)』에서 일요는 본정보제심(本淨菩提心), 월요는 보시행(菩提行), 화요는 신(信), 수요는 정(定), 목요는 상방여래(上方如來)의 과덕(果德), 금요는 념(念)과 같은 불교적 교의가 더해짐으로써 출세간적(出世間的)인 성취도 함께 가질 수 있게 되었다.[9] 아울러 구요는 팔방(八方)과 상·하, 일천(日天)과 월천(月天)을 더하여 십이천을 지키는 호법존신과 같은 방위 수호신의 성격도 갖게 된다. 더 나아가 불교의 구요 성신들은 인간 세상의 즐겁고 괴로운 일들을 미리 예증하거나 모든 길흉상을 보여주며, 일체의 선하고 악함을 관제하는 신성을 가지는 신으로 변화해 갔다.

---

9 서윤길, 앞의 책(1994), 133-135쪽.

3. 중국으로 전래된 인도의 구요 신앙

1) 구요 신앙의 중국 전래

하늘의 뜻을 살피기 위해 밤하늘 별들의 움직임을 관찰하는 것은 어느 지역에서나 보편적인 현상이었기에 구요 신앙 전래 이전 중국에도 고대로부터 천문을 읽어 미래를 예측하는 점성은 존재하고 있었다.[10] 서한(西漢)시대 장사(長沙) 마왕퇴(馬王堆)의 이희묘(利豨墓; 기원전 168년 추정)에서 출토된 백서(帛書) 『오성점(五星占)』은 진시황 원년(기원전 246년)에서 한무제 3년(기원전 177년)까지 70년 간 목성·토성·금성의 주기를 관찰하여 기록한 표이다. 이 기록표에는 오성행도(五星行道)를 나타낸 현존하는 가장 이른 천문학 저작인 전국 시대 〈감석성경(甘石星經; 기원전 370-270〉과 같은 내용을 싣고 있다.[11]

중국과 인도의 점성술에 있어 가장 큰 차이점은 전자는 천변(天變) 점성술이고 후자는 숙명(宿命) 점성술이라는 것이다. 중국 전통 점성은 국가적인 사건 혹은 황제나 왕실이 관련된 정치적인 사건에 대한 예측에 이용되었기 때문에 천변을 관찰하여 얻은 결과는 국가 기밀로 간주되어 유포하는 것이 금지되었다.[12] 천변 점성술과 달리 숙명 점성술은

---

10 사마천은 『사기』에 '하늘의 일월성신(日月星辰)을 살피는 것은 사람들이 생겼을 때부터 군주 된 자가 결코 소홀히 할 수 없었던 일이다.'라 하였고 『한서(漢書)』의 「예문지(藝文志)」에는 '천문(天文)이란 이십팔수를 정돈하고 오성(五星)과 일월(日月)의 운행을 추적하여 길흉의 상을 기록하는 것으로 성왕(聖王)이 정치에 참여하는 수단'이라 기록하고 있다. 사마천, 『史記』, 「天官書」 "太史公曰 自初生民以來 世主 曷嘗不曆日月星辰". 한불학예사, e-book, 2013; 『漢書』, 「藝文志」 "天文者 序二十八宿 步五星日月 以紀吉凶之象 聖王所以參政也"

11 웨난 지음, 이일귀 옮김, 『마왕퇴의 귀부인』, 일빛출판사, 2001, 318-326쪽 참조

12 이성규, 「고대중국의 점성학 - 그 특성과 중국 사상에 대한 영향」, 『한국과학사학

별들의 위치를 계산해 놓은 자료를 바탕으로 개인의 운명을 점치는 데 사용되었다.[13] 중국인들의 천변 점성에 대한 뿌리 깊은 인식으로 인해 아홉 개의 별이 인간의 선악길흉을 주관하고 하루에 하나의 별이 지배하는 7일로 일주한다고 하는 칠요 개념 등이 처음 중국으로 전래되었을 때는 큰 호응을 얻지 못하였다.[14] 하지만 남북조 시대를 지나면서 숙명 점성술은 도교의 성수신앙으로 받아들여지면서 개인의 운명과 연동되어 발전하게 되었고, 이후 빠르게 변화하면서 중국인들에게 알려지기 시작한다.[15] 그 결과 민간에서도 태어난 해에 해당하는 본명(本命)에 따라 개인의 운명을 점치는 풍습이 크게 유행하게 되었다. 더불어 본명에 대응하는 구요를 신앙하는 본명성(本命星) 신앙을 중심으로 악운을 소재하는 법식도 신앙적으로 체계를 갖추게 되면서 구요와 관련

회지』16, 1984, 17쪽.

13 강승일, 「고대 메소포타미아의 점성술과 구약성경에 나타나는 그 흔적들」, 『서양고대사연구』29, 2011, 13쪽.

14 정진희, 「한국치성광여래신앙과 도상 연구」, 동국대 대학원 박사학위 논문, 2017 (a), 12-13쪽. 서역천문의 많은 부분은 밀교 경전을 통하여 중국으로 전래되었다. 안식국(安息國)의 태자였던 안청(安淸, 146-167)이 번역한 『사두간경(舍頭諫經)』에 처음으로 서역의 천문성수가 소개되어 있지만 이십팔수와 관련된 간단하고 초보적인 점성과 관련된 내용뿐이고 구요에 대한 언급은 없어 이 경전의 번역 시기를 구요신앙이 전래된 시기로 추정하기는 곤란하다. 점성술에 필요한 십이궁(十二宮)을 포함하여 라후와 계도는 북량(414-426) 때 한역된 『대방등대집경(大方等大集經)』의 〈일장분(日藏分)〉에 처음으로 소개되고 있어 구요는 이 시기를 즈음하여 중국으로 전래된 것으로 추정된다.

15 김일권, 『동양천문사상 - 하늘의 역사』, 예문서원, 2007, 52-55쪽, 333쪽. 천문재이(天文災異)를 정치적 행위에 반영하고 국가·농사기원·기우와 관련된 영성(靈星)을 신앙하는 것은 한대(漢代) 이후의 국가 의례 전통에서 유가적(儒家的) 차원으로 행해졌던 것임에 반해, 도교의 점성신앙은 인간의 생사화복에 중점을 두고 있다고 한다.

된 신행도 대중들에게 수용되는 양상을 보인다.

개방적이고 문화에 대한 넓은 포용성을 가졌던 당대(唐代)는 인도 점성학이 사회적으로 크게 확산·유행했던 시기로 서역을 통해 밀교와 함께 점성 문화가 대량 유입되었다.[16] 인도와 서역 출신의 승려 중에는 천문역법(天文曆法)에 능통했던 사람들이 많았고 그들은 인도 점성의 내용이 수록된 경전을 중국으로 가져와 번역하면서 중국 천문과 점성학에 새로운 인식을 불어 넣었다. 8세기에는 간단하고 기초적인 점성법이 기록된 밀교 경전 이외에도 구집(九執)을 역법에 이용하여 만든『대당개원점경(大唐開元占經)』,[17] 8세기 후반 이필건(李彌乾)이 한역한『도리율사경(都利聿斯經)』,[18] 조사위(曹士蔿)가 만든『부천력(符天曆)』등 서역의 점성학을 전문적이고 직접적으로 소개하고 있는 본격적인 점성서가 대량으로 등장하게 되었다. 그 외『구당서』「예문지」에 기록된『오성점』, 『서방성점(西方星占)』,『성점』,『오성병법』,『황도략성점(黃道略星占)』, 『진경산오성소재수도도(辰慶算五星所在宿度圖)』등 역시 서역 점성학 관련 서적들이다.[19]

점성법에 구요나 십이궁이 운용되면서 태어난 사람의 운명을 맡은 별을 지칭하는 본명성·본명궁의 관념이 발전하게 된다.[20] 당대(唐代)에

---

16 김일권, 앞의 책(2007), 371-375쪽.

17 당나라에서 천축역법을 맡고 있던 인도인 구담실달(瞿曇悉達) 등이 현종의 칙령에 의해서 찬술한 이 책에는 일월성신과 이십팔수 등의 별과 관련된 서방 천문의 내용을 포함하고 있는 인도의 천문점성서를 번역한 것이다.

18 이필건은 서역의 바라문(婆羅門)으로 도리(都利)는 도뢰(都賴)와 같은 말로서 지명을 뜻한다. 이 경전에는 자기(紫炁)와 월패(月孛)를 포함한 십일요(十一曜)가 나온다.

19 박영창, 「서양점성학과 사주학」,『정신과학』11, 천문편, 2005, 242쪽.

20 김일권, 앞의 책(2007), 399쪽.

찬술된 위경(僞經)『북두칠성호마법(北斗七星護摩法)』에는 구요와 십이궁을 이용해 개인의 운명을 알아보는 점성풀이 판인 호로스코프가 수록되어 있다.(도 2) 오성과 구요·십이궁·십이지가 혼용된 이 점성법은 당 중기 전후에 확립되었으며 이 무렵 구요 신앙도 대중에게 본격적으로 소

도 2. 〈북두칠성호마법〉에 소개된 개인의 운명을 점치는 호로스코프.

개되고 있었다. 호로스코프에서 자신의 본명성을 찾아 행성과 위치 관계의 역학적인 변화에 의거하여 길흉화복을 점치는 서역 점성의 원리는 사주 이론인 칠정사여(七政四餘, 오성학)에 많은 영향을 미쳤으며, 칠정사여는 이후 자미두수(紫微斗數)라 불리는 중국의 대표적인 사주 이론 형성에서 그 기원이 되기도 하였다.[21] 자미두수에서 명궁(命宮)을 정하는 방법은 십이지 각각에 궁을 붙인 자궁·축궁 등의 십이궁을 이용하는데 이는 황도 십이궁에 영향을 받은 것이다.[22]

21 이용준, 「사주학역사와 격국용신론의 변천과정」, 경기대학교 석사학위논문, 2005, 10쪽.
22 김규봉, 「서양점성학의 12사인과 사주 명리학의 12지지와의 비교연구」, 국제문화대학원대학교 석사학위 논문, 2010.8, 子(수병궁), 丑(마갈궁), 寅(인마궁), 卯(천갈

2) 구요도상으로 살펴본 중국 구요 신앙의 성격

외래에서 전달된 문화는 수용 과정에서 변용되고 지역적인 영향을 반영하며 다양성을 보이게 된다. 중국으로 전파된 점성 신앙 역시 시대에 따라 변용되는 특징을 보인다. 7세기 중엽 사산조 페르시아 멸망 이후 중국으로 대거 이주하여 온 서역인들은 조로아스터교뿐만 아니라 마니교를 신봉하던 사람도 많았는데 마니교의 점성 신앙은 구요와 관련된 것이었다. 중국인들에게 칠요(七曜)에 해당되는 각각의 요일은 낯선 것이었지만 호인(胡人), 파사인(波斯人), 오천축인(五天竺人)에게는 익숙한 것이었고 페르시아와 인도 등지에서는 이 점성법이 널리 알려져 있었다.[23] 일요를 나타내는 '밀(蜜)'이란 문자는 마니교도들에 의해서 중국으로 전래된 것인데 당시 마니교도들은 당의 수도였던 장안 및 낙양에 마니교 교구를 설치할 만큼 적극적인 포교 활동을 하였다.

수시력 계통의 중국 역법과 회회력 계통의 이슬람 역법에 전하는 라후와 계도는 정반대의 의미를 지니면서 계산법도 전혀 다르다. 이는 인도와 중앙아시아를 통해 전래된 천문학과 또 다른 이슬람 계통의 천문학이 중국에 유입되었음을 알 수 있는 사실이기도 하다.[24] 중국의 점성 신앙은 인도와 이슬람이라는 두 가지 경로를 통해 유입되었고 복합적인 성격을 나타내며 발전해 갔다.[25] 두 계통의 점성 신앙이 유입된 일련의 과정은 구요 모티프의 수용과 변용을 통해 살필 수 있다. 오사카 시

궁), 辰(천칭궁), 巳(처녀궁), 午(사자궁), 未(거해궁), 申(쌍자궁), 酉(금우궁), 戌(백양궁), 亥(쌍어궁)이 있다.

23 야노 미치오 지음, 전용운 번역, 앞의 책, 45쪽, 119쪽.

24 이은희, 한영호, 강민정, 「사여의 중국 전래와 동서 천문학의 교류」, 『한국과학사학회지』 vol 36, 2014, 418-419쪽.

25 藪內 淸, 앞의 책, 105쪽

도 3. 〈오성이십팔수신형도(五星二十八宿神形圖)〉 중 오성(五星) 부분, 비단 채색,
傳 南朝 梁, 6세기, 전체 489.7×28cm, 오사카 시립 미술관.

립 미술관에 소장된 〈오성이십팔수신형도(五星二十八宿神形圖)〉는 송나
라 시절 이름 모를 화가가 장승요의 그림을 모사한 것으로 전해진다.[26]
(도 3) 흔히 별자리 신앙은 도교의 범주에서 이해되고 장승요와 당나라
말기 화가 장소경(張素卿)이 그린 〈구요성도(九曜像圖)〉, 〈진성도(鎮星
圖)〉 역시 도교 회화 작품으로 해석되고 있어 이 그림 역시 도교의 회
화로 분류된다. 사실 중국 도교의 구요상은 밀교와 함께 유입된 인도와
서역 성신의 모습에 영향을 받아 이루어진 것이다. 또한 이후 전승되는
과정에서 성신의 도상은 습합되고 혼용되기 때문에 구요도상을 종교에
따라 구분한다는 것은 큰 의미가 없다.[27]

서역에서 별을 인격화하여 나타낸 신들의 조상(彫像)이 전해지기 전
중국에서 별을 표현했던 방법은 한국의 천상열차분야지도(天象列次分野

---

26 Stephen Little with Shawn Eichman, "Taoism and the Arts of China"(Chicago;*The
Art Institute of Chicago*, 2000), pp. 131-137. 이 그림은 송 휘종 황제가 소장하였
던 당대 양영찬의 작품을 남송대에 모사한 것이라고 한다. 장승요 〈오성이십팔
수도〉를 그렸다는 기록과 그림의 화풍으로 보아 양영찬의 작품도 장승요의 것을
모사한 것으로 추측되어 원본의 제작 연대는 육조 시대까지 거슬러 올라간다고
한다; 곽약허 지음, 박은화 옮김, 『도화견문지』, 시공사, 2005, 117쪽; 김일권, 앞
의 책(2007), 333-334쪽.
27 불경(佛經)인 『범천화라구요(梵天火羅九曜)』의 구요는 도경(道經)인 『태상동신오
성제수일월혼상경(太上洞神五星諸宿日月混常經)』에 묘사된 구요와도 서로 연관
이 있다.

之圖)에서와 같이 원과 원을 선으로 연결한 도식화된 모티프를 통해서
였다. 〈오성이십팔수신형도〉에서 별의 신들이 그들의 정체성(神性)을
나타내는 동물과 함께 그려진 모습은 힌두교 신들이 바하나와 짝을 이
루는 특징과 유사성을 보인다. 따라서 이 그림은 서역에서 유입된 성신
의 도상을 중국이라는 지역적인 특징을 반영하여 재해석해 나타낸 6세
기 중국 성신의 모습으로 이해해도 무방할 것이다.

그림에서 향 우측 달려가는 멧돼지 위에 가부좌로 앉아 짐승의 얼굴
을 한 인물(獸面人身)은 그림에 쓰인 방기(傍記)에 의하면 목성(歲星; 木
曜)을 그린 것이다. 그 옆으로 당나귀 위에 가부좌로 앉아 붉은 기운이
감도는 말 얼굴을 한 인물(馬頭人身)은 여섯 개의 팔에 각각 무기를 들
고 있는 화성(熒惑; 火曜)이고 그 좌측 검은 소 위에 결가부좌로 앉아
수도자의 형상을 한 브라만 승려의 모습을 한 노인은 토성(鎭星; 土曜)
을 묘사한 것이다. 머리에 봉황관(鳳凰冠)을 쓰고 난(鸞)새를 타고 있는
선녀의 모습을 한 여신은 금성(太白星; 金曜)이며 마지막으로 머리에 원
숭이관을 쓰고 왼손에는 종이, 오른손에는 붓을 들고 서 있는 여성으로
보이는 인물은 수성(辰星; 水曜)이다. 그림의 방기에 따르면 세성은 군
주를 의미하며 제사를 지낼 때는 흰 비단과 은그릇을 사용한다고 하였
다. 형혹은 붉은색을 나타내고 제사에는 구리그릇과 동전을 사용하고
진성은 검은 연기를 궁으로 삼고 제사에는 조마기름과 고흑(古黑)빛 비
단을 사용하고 그릇은 놋쇠를 쓴다. 태백신에게 올리는 제사는 금을 제
기로 사용하고 황색 비단을 이용하며 진성은 푸른 옥으로 제기를 삼으
며 푸른 비단을 제사에 이용한다.[28]

---

28 그림의 화제문(畵題文)은 이휘(李辉), 『漢譯佛經中的宿曜術研究』, 上海交通大學博
   士學位論文, 2011, 230-232쪽. 참조; 歲星神 豪俠勢利, 立廟可于君門, 祭用白幣, 器
   用銀, 食上白鮮, 諱彩色, 忌哭泣, 歲星爲君主; 熒惑星神, 食火.祭用血肉, 酒器用赤,

수요   금요   토요

화요   목요

도 4. 『범천화라구요(梵天火羅九曜)』의 오요.

銅, 幣用赤, 殺牲吸血, 祭具戰器鼓舞, 然後祭之.忌哭泣, 善事熒惑嬌暴, 公子熒惑.廟可致軍門; 鎭星神, 以黑煙霧為宮.祭用烏麻油, 疏事飮水, 幣用故黑, 器用鉄.戒在奢婬, 鎭星是御史, 宜水土事, 立祠農疇水渚傍; 太白星神, 祭用女樂, 器用金, 幣用黃, 食用血肉.不殺生, 亦忌哭泣.太白廟女宮中黃, 屋飾皆黃, 仍被五彩, 太白後妃也; 功曹也, 知天下理, 文墨歷術典吏傳送, 執天下綱紀, 辰星, 日御也, 常不離日, 祭用碧, 器用碧玉, 幣用碧色, 祭用疏水類魚, 屬廟可致於相府也, 中書省是

8세기 후반에서 9세기 초 중국의 구요도상을 소개한 『범천화라구요 (梵天火羅九曜)』를 보면 6세기 그림의 오성과는 그 모습이 달라져 있다.[29] 『범천화라구요』의 오요는 〈오성이십팔수신형도〉에 보이던 동물의 탈을 쓴 것 같은 신의 모습도 모두 사라지고 한층 더 중국적인 인물로 바뀌었다. 탈것으로 표현되었던 바하나는 머리에 쓴 관의 장식으로 바뀌고 토요와 금요, 목요는 지팡이와 비파, 꽃소반(花盤)을 지물로 가진다.(도 4)

결론적으로 말하면 『범천화라구요』의 오요가 〈오성이십팔수신형도〉와 다른 모습을 보이는 까닭은 소그드인들을 통해 유입된 페르시아 성신도상의 영향이 있었기 때문이다. 그림에서 오요들이 오행의 순서에 따른 목-화-토-금-수로 배치된 이유는 중국의 주관적인 선택이 도상의 수용 과정에서 반영되었기 때문으로 보인다. 인도 점성술의 기본을 전해주고 있는 8세기 불공 삼장이 번역한 『수요경(宿曜經)』에서의 성수 배치는 일-월-화-수-목-금-토로 현재 사용하고 있는 요일의 순서와 같지만 인도 점성술과 중국 천문학이 결합하여 저술된 『칠요양재결』에는 오행의 순서에 맞게 칠요들이 배열된 것도 같은 맥락에서다.

구요도상 가운데 신앙의 습합에 따른 도상의 변화 과정을 가장 잘 표현하고 있는 예는 금요이다. 인도 베다(Veda)에서 금요는 '신들과 싸우는 방법을 터득한 유일한 남자'로 간주되며 활과 화살을 가지고 백마를 바하나로 탄 남성인 슈크라(Shukra)로 표현된다.[30] 하지만 6세기 그림에서 중국의 금요는 봉황의 관을 쓰고 난새를 타고 하늘을 나는 선녀와 같은 형태로 그 모습이 바뀌어 있다.(도 5) 남성신이 여성으로 표현

---

29 『대정장(大正藏)』, 밀교부, 21권, No. 1311.

30 Joseph, Lawrence E., 강미경 옮김, 『아포칼립스 2012: 최고의 시간과학자 마야가 예언한 문명 종말 보고서』, 황금나침판, 2007, 323-324쪽.

도 5. 금요, 그림 3의 부분.

된 까닭은 인도를 제외한 문화권에서 금성이 여신으로 표현되었던 역
사적 사실로 인한 것일 수도 있다. 소그드인은 무역업에 종사하면서 지
역 이동이 활발하였고 여러 문화를 수용해 이것저것이 합쳐진 습합 도
상을 많이 만들어 내었기 때문에 이처럼 도상이 변형되는 일이 다반사
였다. 2세기 『사두간경(舍頭諫經)』에서는 보이지 않던 구요 관련 내용
이 6세기 이후 다른 이름으로 번역된(同本異譯) 『마등가경(摩登伽經)』에
서 보이는 이유는 헬레니즘 문화를 수용한 중앙아시아 문화권의 영향
을 반영하여 『마등가경』이 새롭게 편집되었기 때문이다.[31] 성수의 도상

---

31 『摩登伽經』 제2권, 제5 說星品, "…今當爲汝復說七曜.日.月.熒惑.歲星.鎭星.太白.辰
　　星.是名爲七.羅睺.彗星.通則爲九.如是等名.占星等事汝宜應當深諦觀察…"(『한글대장
　　경』 http://abc.dongguk.edu); 야노 미치오, 앞의 책(2010), 43-44쪽. 이 경의 원본은
　　『Rd Lakar Vad n'Astra』이다. 『摩登伽經』에 보이는 19년마다 7윤을 두는 치윤법
　　이 『舍頭諫經』과 『Rd Lakar Vad n'Astra』에는 보이지 않는 까닭에 『摩登伽經』은

역시 헬레니즘 문화의 영향으로 여신인 비너스의 형상이 서역의 금요 형태에 영향을 끼쳤을 가능성을 생각해 볼 수 있다.[32] 새를 타고 있는 여신의 모습은 흔히 도교에서 하늘을 나는 선녀의 표현이기 때문에 난새를 타고 있는 금요는 도교라는 지역적 색채가 가미된 복합적인 정황이 융화된 표현으로 볼 수 있다. 지역적 특색이 가미되어 도상의 원형이 변형되는 경우는 구요 뿐만 아니라 서역에서 중국으로 전래된 성수 도상의 전반적인 특징이기도 하다.[33]

『범천화라구요』는 구요 기도에 필요한 다라니와 함께 구요의 형상을 싣고 있는 경전이다. 이 책에 보이는 금요의 모습은 새와 관련성을 가지며 비파를 연주하는 여성으로 불교에서 변재천으로 수용된 힌두교 여신 사라스와티(Saraswati)와 매우 유사하다. 금요의 형태가 이렇게 변한 까닭은 인도의 점성이 중국에 전래된 이후 유입된 페르시아 점성술과 습합 운용되었기 때문으로 해석된다. 사라스와티는 조로아스터교에서 하천의 여신으로 숭배되는 아나히타(Anahita)와 같은 신성을 가지는

인도에서 중앙아시아를 거쳐 중국으로 오는 과정에서 헬레니즘 천문학의 영향을 받았을 가능성이 있다고 한다. 『사두간태자이십팔수경(舍頭諫太子二十八宿經)』도 동일한 경전이다; Kotyk, Jefferey, 「漢字圈の文学における西方占星術の要素: 東西文化交流における仏教の役割」, 『駒澤大學佛教文學硏究』 19, 2016. p. 106. 『마등가경』은 서력 230년에 번역된 것으로 알려져 있지만 그 내용에 보이는 어휘와 문법이 구마라지바 이후의 것으로 판단되어 실제는 宋・齊 시기 이후 중앙아시아 범본을 한역한 실역 경전으로 볼 수 있다.

32 야노 미치오, 앞의 책(2010), 45쪽; E. A. Rodrigues, *The Complete Hindoo Pantheon, Comprising the Principal Deities Worshipped by the Natives of British India Throughout Hindoostan: Being a Collection of the Gods and Goddesses Accompanied by a Succinct History and Descriptive of the Idols*(Harvard University, 1842), p. 45 참조.

33 구요도상이 전래된 지역 문화와 혼용되는 현상은 중앙아메리카나 동남아시아 지역에서도 특징적으로 나타나는 현상이다. Balaji Mundkur, 앞의 논문(1978) 참조.

신이다. 같은 성격을 나타
내는 여신이 인도와 페르
시아로 민족이 분열되는
과정에서 각각의 이름으로
변형되어 사라스와티와 아
나히타라는 두 여신으로
나뉜 것이다.[34] 페르시아
문화권에서 아나히타는 금
성을 의미하는 여신 나히
드(Nahid)로 불린다. 인도
에서 백마를 탄 남자로 묘
사되던 금요는 이러한 전개
과정이 있었기 때문에 이슬
람 점성에서는 비파를 연주
하는 사라스와티와 같은 모
습으로 묘사되고 있다.

도 6. 금요, 13세기, 〈페르시아 십이궁 점성도〉 부분,
프랑스 국립도서관 소장.

   프랑스 국립 도서관에 소장된 페르시아 점성서의 삽화는 구요성 가
운데 라후와 계도를 제외한 일곱 개 행성이 십이궁의 별자리를 주재하
는 내용을 그림으로 표현한 것이다.[35](도 6) 삽화에서 화면 상단의 양손

---

34 시바신을 차용한 불교의 마혜수라천이 조로아스터교에서 풍신으로 표현되는 것
   처럼 원류가 같은 신들의 도상은 지역에 따라 문화적 영향을 반영하여 다양성을
   드러낸다. (김성훈, 앞의 논문, 114-116쪽, 참조); 일월을 지물로 가지는 다비(多
   臂)의 아나히타도상은 우홍묘(虞弘墓, 592년)의 석곽에는 나나여신상(娜娜女神像)
   으로 표현되어 있어 하나의 도상이 다양한 형태로 변용되어 사용되었음을 알 수
   있다.

35 〈Traité des nativités, attribué à Aboû Maschar.〉, 36×26cm, 1300년, 'Kitâb al-

에 펜과 노트를 가지고 얼룩 황소에 올라타고 있는 남성은 수성을 나타 낸 것이고, 반대편에 방형의 모자를 쓰고 앉아 비파를 연주하고 있는 인물은 금성을 의인화하여 표현한 것이다. 화면 하단 다섯 개 방형의 칸 속에 각각 그려진 소형의 인물들은 향 좌에서부터 칼을 가지고 사람 의 머리를 잘라 들고 있는 화성, 펜과 종이를 들고 있는 수성, 검은 피 부의 나신(裸身)에 지팡이를 든 토성을 나타낸 것이다. 그 우측으로 두 손을 공수하고 앉아 있는 인물은 목성, 비파를 연주하는 마지막 인물은 금성이며 청색과 황색의 원형 고리를 얼굴에 표현한 달과 태양의 모습 도 소개되어 있다.[36]

〈표 1〉은 중국으로 전래된 인도의 구요 모티프가 반영되어 6세기 작품에 그려졌던 형상들이 이후 이슬람 점성의 영향을 받아 또 다른 모습으로 변용된 현상을 정리한 것이다. 6세기 〈오성이십팔수신형도〉 에서 오성의 모습은 인도 힌두교 신들과 같이 성스러운 탈 것인 바하나 와 함께 하고 있지만 목요는 멧돼지, 화요는 노새, 토요는 검은 황소, 금요는 닭, 수요는 원숭이로 변화를 나타내고 있다. 이후 9세기 〈치성 광여래와 오성도〉에서는 관식으로 축소되어 그려지는 변화를 보이며 외래적인 요소가 옅어지는 현상이 나타나고 있다. 용의 머리와 꼬리로 나누어진 인도의 라후와 계도는 이슬람 점성에서는 한 마리의 용으로 표현된다.

인도의 점성은 주로 밀교 경전을 통해 중국으로 유입되었기 때문에 이론적 원리를 전한 사람들은 당연히 경전의 해석이 가능한 인도와 서

Mawalid' - by Abû Ma'shar.

36 시대와 문화의 수용 과정에 따른 구요도상의 변화에 대하여 정진희, 앞의 논문 (2017_a), 16-27쪽 참조.

<표 1> 인도와 이슬람, 중국의 성신도상 비교

	인도	중국(6세기)	이슬람	중국(9세기)
목요				
화요				
토요				
금요				
수요				
라후와계도				

역의 승려들이었다. 이들과 더불어 구요 신앙의 전래자 역할을 했던 인물로 눈여겨보아야 할 사람들은 서역에서 중국으로 유입된 상인들을 비롯한 서역의 이방인들이다. 불공 삼장이 찬술한 『문수사리보살급제선소설길흉시일선악수요경(文殊師利菩薩及諸仙所說吉凶時日善惡宿曜經 이후 수요경)』 하권의 〈칠요직일력품(七曜直日曆品)〉에는 '칠요를 기억할 수 없으면 호(胡)와 파사(波斯), 오천축인(五天竺人)에게 물어야 한다.'고 나와 있다. 이는 소그드인과 페르시아, 인도인들의 실생활 속 신행을 통해 구요 신앙이 중국으로 전파되었음을 알려주는 대목이다.[37]

　　8세기에서 9세기 사이 소그드 상인들은 서역 일대의 무역을 거의 독점하다시피 하며 중앙아시아와 중국에 이르는 여러 지역에 식민 거점을 건설하여 동서 교역에 매진하였다. 수많은 어려움이 도사리고 있는 먼 길을 오가며 무역업에 종사하였던 그들에게 운명을 점치는 점성법은 커다란 관심사였으며 닥쳐올 재앙을 소재하여주는 성수 신앙이 많은 인기를 누렸다. 중앙아시아의 점성학 관련 서적은 대개 소그드어(語)로 쓰여 있으며 중앙아시아 각지에서 사용되고 있었던 칠요의 명칭도 소그드어에 어원(語源)을 두고 있다. 실제 행성의 이름을 따서 만든 7요일의 개념을 중국에 전래한 이들도 소그드인이었는데 9세기 초중반 페르시아와 인도의 영향을 받은 중국 역서(曆書)에는 소그드어에서 번역한 칠요의 이름이 사용되고 있다.[38]

---

37 『수요경(宿曜經)』 '忽不記得但當問胡及波斯并五天竺人總知'

38 Susan Whitfield, "Under the censor's eye: printed almanacs and censorship in ninth-century China", *The British Library Jounal* 24(London: The British Library, 1998, spring), pp. 6-7.

Ⅱ. 치성광여래 신앙과 도상의 생성

1. 중국의 새로운 불교 성수 신앙

치성광여래는 북극성을 여래화(如來化)하여 나타낸 새로운 부처이다. 치성광여래 신앙 이전 중국 불교에는 북극성을 의미하는 묘견보살(妙見菩薩) 신앙이 있었다. 838년 일본 승려 엔닌(円仁)이 중국에서 묘견보살의 화상을 개원사에서 모사하였다는 기록을 통해 9세기 중반까지도 묘견보살이 불교 북극성 신앙으로 중국 사찰에서 신행되었음을 알수 있다.[39] 묘견보살은 도교에서 천황대제와 자미대제, 북두칠성으로 구성된 아홉의 아들을 둔 두모원군(斗姆元君)과 유사한 성격을 가진다. 묘견 신앙은 점성 신앙에 원류를 두고 있는 치성광여래 신앙과는 성격을 달리하며 도상으로 표현될 때에도 묘견보살은 북두칠성과, 치성광여래는 구요와 함께 짝을 지어 나타나는 차이를 보인다.[40]

---

[39] 일본『묘견사략연기(妙見社略緣起)』,『가두산구기(駕頭山舊記)』에 의하면 백제 동명왕(聖明王, 523-554)의 제3 자였던 임성태자가 9월 9일 백제국에서 가지고 온 북신존성(北辰尊星)의 신체(神體)를 모시고 수행한 것이 일본 최초의 북신성공(北辰星供)이었다고 한다. 따라서 백제에서도 묘견보살이 신행되었던 사실은 알 수 있지만 현재 묘견보살 신앙과 관련하여 임성태자의 일본 전래 이외에 신앙이 한반도에서 북극성 신앙으로 융성했음을 증명할 물증은 없다. 묘견보살 신앙의 일본 전래에 관련해서는 김영태,「百濟 琳聖太子와 妙見信仰의 日本傳來」,『佛教學報』20, 1983, 참조.

중국인들은 구요를 수용하는 과정에서 그들에게 익숙한 북극성을 여래화해서 신앙의 주존으로 삼아 치성광여래라고 하는 새로운 불교 성수 신앙을 만들었다.[41] 인도에서 구요는 북극성을 나타내는 신과 짝을 지어 신행되지 않는다. 이슬람 문화권의 페르시안 조디악(Zodiac)에서도 구요는 이들을 주재하는 신격화된 북극성을 나타내는 존재 없이 행성 그 자체로 신봉되고 동남아시아 지역에서도 구요는 구요 행성만으로 구성되어 있다. 이들 지역의 구요를 도상으로 배치할 경우에는 가로와 세로로 세 칸씩 모두 아홉 개의 공간을 만들어 중앙에 태양을 나타내는 수리야(Surya)를 두고 가장자리에 나머지 팔요(八曜)를 배치하는 것이 일반적이다. 아홉 개의 별이 여래를 의미하는 존재와 함께하는 신앙 체제는 중국 불교에서 처음 보이는 새로운 구요 신앙의 한 예이다.

　　인도의 구요가 치성광여래 신앙으로 변화한 이유에는 여러 가지 원인이 있을 수 있지만 우선적으로 고려해야 할 사실은 서양과 동양의 천문 기준이 다르다는 것이다. 서양의 천문에서 우주의 중심은 태양이

---

40 동진 시대(東晉, 317-420) 『칠불팔보살소설대다라니신주경(七佛八菩薩所說大陀羅尼神呪經)』에 처음으로 소개된 묘견보살은 북극성을 나타내는 '북진보살(北辰菩薩)'로서 모든 별 가운데 가장 빼어난 별이며 모든 별들의 어머니를 나타내는 성모(星母)다.

41 북극성을 치성광여래라는 불명으로 이름 붙인 연원에 대한 정확한 기록은 보이지 않으며 신앙의 유입 이전 기존의 경전[서진西晉의 월씨 삼장月氏三藏 축법호竺法護의 『현겁경(賢劫經)』(고려대장경, K-387(12-700))과 수나라 사나굴다(闍那崛多)의 『대승삼취참회경(大乘三聚懺悔經)』(고려대장경. K- 541(14-467)), 『오천오백불명신주제장멸죄경(五千五百佛名神呪除障滅罪經)』(고려대장경, K-394(12-1225))]에서 치성광불(熾盛光佛)·치성광여래(熾盛光如來)의 명호가 나오고 있으나 이들 경전에 점성과 관련된 치성광 신앙의 직접적인 내용은 보이지 않는다. 따라서 새로운 신앙을 성립해가던 도중 밤하늘에서 무한한 광명인 치성광을 발하는 북극성을 여래화하는 과정에서 기존의 '치성광불'이라는 명칭을 차용하였을 것으로 추정된다.

지만 동양의 천문에서 우주의 중심은 북극성이다. 북극성은 우주의 중심으로서 뭇별들을 아우르는 우두머리 별로 비유된다. 지상의 관료체제를 반영하여 만들어진 도교의 성관 사상 체제(星官思想體制)에서 북극성은 밤하늘의 황제를 의미하기 때문에 치성광여래 신앙에서 의례로 행해지는 〈치성광법식(熾盛光法式)〉은 원래 황제의 본명성을 공양하는 불교의 소재법(消災法)이었다.[42]

중국 천문에서 북극성을 중심으로 오행(五行)에 해당하는 목·화·수·금·토 다섯 별이 천하를 다스린다는 사상은 구요가 치성광여래 신앙으로 변화되는 과정에서 주요한 이론적 배경이 되었다. 때문에 초기 치성광여래도상에서 치성광여래는 구요(九曜)가 아닌 오성(五星)과 함께 그려진다.[43]

돈황에서 발견된 치성광불과 오성이 그려진 비단 그림은 치성광여래를 다룬 불화 가운데 현존하는 가장 이른 시기의 작품이다. 이 그림은 수성과 목성, 금성과 화성의 호위를 받으면서 토성이 끄는 수레를 타고 치성광여래가 천공을 순회하는 모습을 나타내고 있다.(도 7) 치성

---

42 〈치성광법〉은 중국 천자의 본명성(本命星)을 공양하는 소재법으로 천황의 안녕을 위해 거행하는 법식이었다. 『일본삼대실록(日本三代實錄)』8, 〈貞觀六年正月四日 辛丑條〉 "圓仁上奏言.除災致福.熾盛光華佛頂.是為最勝.是故唐朝内道場中.恒修此法.為鎮國基.街西街東諸内供奉持念僧等.互相為番.奉祈寶祚.今須建立持念道場護摩壇.奉為陛下.應修其法.唐國街東青龍寺裏.亦建立皇帝本命道場.令勤修真言祕法.詔曰.朕特發心願.於彼峰建立惣持院.興隆佛法.於是.敕惣持院安置十四僧.永令修法"

43 김일권, 「唐宋代의 明堂儀禮 변천과 그 天文宇宙論적 운용」, 『종교와 문화』16, 2000. 참조. 우주의 중심인 태일(太一)이 천하사방을 순회하면서 통어(通御)한다는 태일구궁 사상(太一九宮思想)이 반영된 〈구성도(九星圖)〉는 주역 후천팔괘(後天八卦)에 나오는 방위에 맞추어 여덟 방위에 해당하는 성신을 그린 것으로 天蓬(수성), 天任(토성), 天衝(목성), 天輔(목성), 天英(화성), 天芮(토성), 天柱(금성)으로 구성되어 있으며 이는 오성 신앙(五星信仰)이 반영된 것이다.

도 7. 〈치성광불병오성도〉, 당(897년), 비단 채색, 55.4×80.4cm, British Museum(사진촬영: 필자)

광여래와 함께 오색 구름을 타고 있는 오성들은 각각을 나타내는 동물이 새겨진 특징적인 관을 착용하였다. 치성광여래는 금륜불정(金輪佛頂)과 같은 불성을 갖고 있기 때문에 금륜을 손에 올린 모습으로 묘사되는 것이 일반적이지만 이는 금륜불정 신앙과 습합되면서 나타난 현상으로 모든 도상에서 그렇게 표현되는 것은 아니다.

도 8. 금요(도 7 세부).　　　　　　　도 9. 목요와 수요(도 7 세부).

도 10. 토요(도 7 세부)　　　　도 11. 화요(도 7 세부)

그림에서 전면 중앙에 서 있는 금성은 오행(五行) 사상에서 서방을 뜻하는 백색의 천의를 입고 비파를 연주하는 아름다운 여성의 모습으로 그려져 있다.(도 8) 금성이 머리에 쓴 관에는 봉황과 같은 형태의 장식이 올려져 있는데 이는 『범천화라구요』와 같은 모양의 관식이다. 북방을 의미하는 수성은 검은색 옷을 입고 원숭이 관식이 있는 관을 착용하고 양손에는 종이와 붓을 들고 있다. 수성의 우측에 멧돼지가 그려진 관을 들고 푸른빛이 도는 대수포를 입고 화반(花盤)을 든 점잖아 보이는 남성은 목성을 나타내는 신이다.(도 9) 중앙의 토성은 브라만 승려 모습으로 머리 위에 소머리가 장식된 관을 쓰고 있다.(도 10) 화면 하단 좌측 네 개의 팔에 무기를 쥐고 있는 분노존의 형상을 한 인물은 화성을 그린 것이다. 머리 위에 말의 머리를 얹은 화성의 신체가 붉은 까닭은 화성이 의미하는 남방을 나타내기 위함이다.(도 11)

2. 치성광여래 신앙의 성립 시기

치성광여래 신앙이 불교의 본명 점성 신앙인 점을 염두에 둔다면 신앙의 성립은 관련 경전의 찬술 시기와 부합할 것이다. 본명 점성술과 관련하여 구요가 소개된 경전은 5세기 초반 한역된 『대방등대집경(大方等大集經)』이 최초이며 이후 709년 의정(義淨)의 『불설대공작주왕경(佛說大孔雀呪王經)』,[44] 일행(一行)의 『대일경소(大日經疏)』도 유사한 내용을 포함한다. 밀교에 조예가 깊었던 불공 삼장이 주석한 『수요경』에

---

44 이 경전은 불공의 《불모대공작명왕경(佛母大孔雀明王經)》과 같은 내용으로 부처가 자신의 전생이었던 금요 공작왕(金曜 孔雀王)의 이야기를 통해 공작 명왕 다라니를 설한다. 야노 미치오, 앞의 책(2010), 43쪽.

그의 제자 양경풍(梁景風)이 단 주석을 보면 '구집숙명점(九執宿命占)'[45]
이라는 한역서가 764년 이전에 존재했음을 알 수 있다.[46] 불공의 『보편
광명청정치성여의보인심무능승대명왕대수구다라니경(普遍光明淸淨熾盛
如意寶印心無能勝大明王大隨求陀羅尼經 이후『대수구다라니경』)』에도 구
요성이 본명의 별자리를 범하면 소재를 위하여 구요다라니를 지니고
독송해야 한다고 기록되어 있어 8세기 전반에 구요와 관련된 점성서와
소재법식의 존재가 확인된다.

치성광여래 관련 경전은 본명원신(本命元神)을 공양하지 않으면 재
난이 도래하기 때문에 이를 막기 위한 소재법식으로써 〈치성광요법〉
혹은 〈북두법〉이 소개된 경전이다.〈표 2〉

〈표 2〉 치성광법식과 소재길상다라니 관련 경전 자료

경전명	번역자	수록 경전	비　　고	진위
북두칠성호마법 北斗七星護摩法 (치성광법 熾盛光法)	일행 一行 (673 -727)	대정신수 대장경 No.1310	※ 치성광요법(熾盛光要法): 북두법(北斗法)으로 소개 ★구요다라니, ☆소재길상다라니 (치성광위덕불정진언)	◎
수요의궤 宿曜儀軌	〃	대정신수 대장경 No.1304	※ 치성광법식 백의관음다라니	◎
범천화라구요 梵天火羅九曜	〃	대정신수 대장경 No.1311	구요의 형상 ★구요다라니 갈선공례북두법 (葛仙公禮北斗法)	◎

---

45 야노 미치오, 앞의 책(2010), 261쪽. 고려대장경에는 九執宿命占라고 되어 있으나
　신수대장경 明本에는 占자가 占자로 되어 있다.

46 고려대장경, K-1367(37-261) "景風日案太史有舊翻九執宿命占.殊未有此法今則新譯"

불설치성광대위덕소재 길상다라니경 佛說熾盛光大威德消災 吉祥陀羅尼經 (치성광다라니경 熾盛光陀羅尼經)	불공 不空 (705-774)	대정신수 대장경 No.963	☆소재길상다라니	◎
칠요양재결 七曜攘災決	금구타 金俱吒 찬집당 (9세기 초)	대정신수 대장경 No.1308	구요 각성에 따른 재양지법(災攘之法) ★구요다라니	
대성묘길상보살설 재재교령법륜 大聖妙吉祥菩薩說 除災教令法輪 (치성광불정의궤 熾盛光佛頂義軌)	시라발타라 尸羅跋陀羅 혜림慧琳	대정신수 대장경 No.966	※ 치성광불정의궤 (熾盛光佛頂儀軌) ☆소재길상다라니 796년 사경	◎
대성묘길상보살비밀팔 자다라니수행만다라차 제의궤법 大聖妙吉祥菩薩秘密八 字陀羅尼修行曼茶羅次 第儀軌法 (팔자문수궤 八字文殊軌)	보제선 菩提仙 (824)	대정신수 대장경 No.1184	오성이 실도(失道)하고 일식과 월식이 나타나면 ※치성광법식과 같은 단(段)을 만들라는 내용	
불설대위덕금륜불정치 성광여래소재일체재난 다라니경 佛說大威德金輪佛頂熾 盛光如來消災一切災難 陀羅尼經	실역 失譯 당 (906 경)	고려 대장경 K-1171-2 (34-96)	☆소재길상다라니	
대방광보살문수사리 근본의궤경 大方廣菩薩文殊師利 根本儀軌經	천식재 天息災 송 (938)	고려 대장경 K-1138 (33-1075)	〈수업인과품(隨業因果品)〉에 ※치성광요법과 대불정치성광진언 ☆소재길상다라니	

* ※ 치성광법식, ★ 구요다라니, ☆ 소재길상다라니, ◎ 진위불분명

이들 경전에 나와 있는 〈북두법〉은 『수요경』과 『대수구다라니』에서 언급한 구요소재법과 유사하여 이들 경전에서 구요의 소재법을 차용하여 법식을 만들었다는 것을 알 수 있다. 구요 신앙이 치성광여래 신앙으로 변화하는 과정에서 등장한 〈치성광요법〉과 〈북두법〉은 도교의 『녹명서』에 바탕을 둔 소재법식인 〈갈선공례북두법(葛公禮北斗法)〉이라는 이름으로 구요의 소재다라니를 다룬 『범천화라구요』[47]에 나와 있다. 이를 통해 신앙의 성립에 도교의 성수신앙이 적지 않은 영향을 주고 있음을 짐작할 수 있다.[48]

---

47 구요의 형상과 다라니가 소개되어 구요 신앙을 대변하는 『범천화라구요』의 편찬자는 일행(一行)으로 알려져 있지만 중국의 점성술사가 엮은 위경일 가능성도 제기되고 있어 편찬 시기가 확실하지 않다. 이 경전의 편찬 시기가 751년 혹은 9세기 초반 이후라는 설도 있지만 그 내용에 칠요의 배치 순서와 도교의 북두법이 삽입되어 있고, 정원 연간(785-804)에 편찬된 『도리율사경(都利聿斯經)』에 대한 언급이 있는 것으로 미루어 8세기 후반에서 9세기 초반에 편찬된 것으로 보인다; 武田和昭, 『星曼茶羅の研究』, 法藏館, 2005, 149쪽. 이 경전은 9세기 이후에 성립된 것으로 추정되며 일행의 찬술이 아니다; 야노 미치오 앞의 책(2010), 174쪽. 천체의 위치력으로 보아 이 경전은 8세기 말에서 9세기 초경에 만들어졌을 것으로 추정된다.

48 "鎮上玄九北極北斗.從王侯及於士庶.盡皆屬北斗七星.常須敬重.當不逢橫禍凶惡之事.遍救世人之襄厄.得延年益算無諸災難.并本命元神至心供養.皆得逺人之命祿.災害殃咎迷塞澀.皆由不敬星像.不知有犯星辰.黯黯而行災難自然來至.攘之卽大吉也.祭本命元神日.一年有六日.但至心本命日.用好紙剪隨年錢.用茶果三疊淨床一鋪.焚香虔心面視北斗.再拜啓告曰.隔居少人好道求靈常見尊儀.本命日謹奉銀錢仙果.供養於北斗辰星并本命神形.將長是生益壽無諸橫禍.神魂爲安.元元自在.襄年凡□驅向遠方.再拜燒錢合掌供養"; 〈갈선공례북두법(葛仙公禮北斗法)〉은 도교의 『녹명서(祿命書)』에 바탕을 둔 것이다. 蕭登福, 「《大正藏》所收佛經中看道教星斗崇拜對佛教之影響」, 『台中商專學報』 제23기(1991)〈갈선공례북두법〉서두에는 관제를 따른 도교의 성관 사상이 보이고 동진의 갈홍(283-343)이 설한 것으로 밝히고 있어 전반적으로 도교적인 성향이 강하다. 도교의 〈북두법〉은 북극성과 북두칠성의 신령스러운 정기를 얻기 위해 지내는 초례의식이다; 북두에 대하여 기도를 드리는 내용은 갈홍이 지은 『포박자(抱朴子)』 등섭(登涉) 제17권에 나오는 것으로 부적을 만들 때 북두의 신

경전의 명칭에 치성광여래가 직접적으로 언급된다는 것은 신앙이 대중적 호응을 얻고 있다는 것을 의미하기 때문에 『치성광다라니경』의 찬술 연도는 신앙의 성립 시기와 연관이 있을 것이다. 후한(後漢)의 명제 영평 10년(67)부터 당 현종 개원 18년(730)까지 경전 목록을 기록한 『개원석교록(開元釋敎錄)』에는 치성광여래와 관련된 경전명이 없고, 그 이후 덕종 정원 16년(800) 『개원석교록』의 속편으로 만들어진 『대당정원속개원석교록(大唐貞元續開元釋敎錄)』에서도 치성광여래를 언급한 경전은 보이지 않는다. 무엇보다 불공이 찬술한 한역 경전 목록에도 치성광여래와 관련된 경명은 보이지 않아 불공의 번역서로 알려진 「치성광다라니경」은 불공의 진작이 아닌 위작으로 판단된다. 808년 불공의 제자인 혜림(慧琳)에게 수학한 일본 승려 공해(空海)가 당나라에서 귀국하며 가져온 경전의 목록(御請來目錄)에 「수요경」은 보이지만 「치성광다라니경」은 없는 것으로 보아 이 경은 그 이후 만들어진 것으로 추측된다.[49] 〈치성광법〉의 설행(設行)이 정확히 확인되는 사건은 841년 엔닌(円仁)이 당나라 장안의 청룡사에 황제를 위해 조칙으로 설치한 본명관정도량(本命灌頂道場)에 참여하고, 그 절에서 〈치성광법〉을 전수받아 일본으로 전했다는 것이다.[50] 문종과 무종 시기(827-845) 장안의 사찰 여

령스러운 힘을 받기 위해 제사를 지내는 것을 말하는 것이다(入山林, 以甲寅日丹書白素, 夜置案中, 向北斗祭之, 以酒脯各少少, 自說姓名, 再拜受取, 內衣領中, 關山川百鬼萬精, 虎狼蟲毒也).

49 현재 가장 오래된 「치성광다라니경」은 9세기 전반에 제작된 판본으로 돈황 장경동에서 발견된 것이다. 廖暘,「大威德熾盛光如来吉祥陀罗尼经》文本研究」,『敦煌研究』152, 2015.4, 65쪽.

50 武田和昭, 앞의 책(2005), 52-53쪽. 일본에 전래된 〈치성광법〉은 천자의 본명성을 공양하는 소재법으로 천황의 안녕을 위해 거행하던 법식이었다;『일본삼대실록(日本三代實錄)』8, 〈貞觀六年正月十四日辛丑条〉 "…除災致福.熾盛光華佛頂.是爲宼膝.是故唐朝内道場中.恒修此法 … 唐國街東靑龍寺裏.亦建立皇帝本命道場.令勤修眞

섯 곳에 조칙으로 본명관정도량이 설치된 사실은 신앙이 호응을 얻어 자리 잡은 것을 의미하는 것으로, 〈치성광법〉과 관련된 경전의 편찬 시기를 고려해볼 때 신앙의 성립 시기는 9세기 전후로 추정하면 무리가 없을 것이다.

3. 중국 치성광여래 도상의 생성과 전개

1) 하늘에서 내려오는 부처님 - 점성 풀이판에서 종교화로

기록에 의하면 최초로 치성광여래를 작품의 주제로 다루었던 사람은 오도자이지만 앞서 살펴본 신앙의 성립 시기를 고려해 보면 이는 타당성이 부족하다.[51] 도상이 만들어진 것은 신앙이 성립된 이후였을 것이기 때문에 빨라도 대중의 호응을 얻었던 9세기 초반 이후로 보는 것이 논리에 맞다. 9세기 중반 중국의 민간에서〈치성광여래도〉는 부적과 같이 액막이 용도로 사용되고 있었다.[52] 사람들은 불상과 오성(五星)

言祕法…"

[51] 『선화화보』권2, 당시 송내부(宋內部)에 소장된 오도자(吳道子)의 그림 아흔 세 폭 중 熾盛光佛一像, 五星像五, 五星圖一, 二十八宿像一, 星像一, 太白像一, 熒惑像一, 羅□日侯像二, 計都像一, 五星像五, 五星圖一, 二十八宿像一 이 있었다고 한다.

[52] 영국 박물관(유물번호: Asia OA 1919,1-1,0.170)과 영국 도서관(Or.8210/S.5666)에 소장된 수요와 라후의 부적들은 점성과 관련된 소재길상부로 추정된다. 그리고 당시 가내의 우환을 떨치기 위해 토요소상(土曜小像)을 만들고 그 앞에서 치성광다라니를 외웠다는 기록(韋兵, 日本新發現 北宋開寶五年刻〈熾盛光佛頂大災吉祥陀羅尼經〉星圖考-兼論黃道十二宮在宋、遼、西夏地區的傳播」, 『自然科學史 研究』24 券, 3期, 2005, 216면, 『夷堅志·乙』李商老 古事 참조)에서 치성광여래와 구요가 한 화면에 그려진 치성광여래도의 조성 목적은 소재길상과 관련되어 있었다는 것을 알 수 있다.

이 함께 그려진 그림을 가지고 있으면 재앙을 피할 수 있다고 믿었고 그것을 집에 소장하는 것이 유행하였는데, 이 같은 행동을 공덕을 쌓는 불사(佛事)로 혼동하고 있었다.[53] 이는 당시 중국인들이 전통 점성 신앙이었던 오성 신앙의 테두리 속에서 치성광여래 신앙을 이해하고 있었다는 것을 보여주는 예다.[54]

치성광여래도가 불화의 다른 도상과 차이를 분명히 나타내는 부분은 소가 끄는 수레에 올려진 대좌이다. 치성광여래도상의 우차대좌(牛車臺坐)는 그 연원에 대한 여러 가지 의견이 제시되었으나 정확한 결론은 없다.[55] 〈치성광법〉과 관련된 『대성묘길상보살비밀팔자다라니수행만다라차제의궤법(大聖妙吉祥菩薩秘密八字陀羅尼修行曼茶羅次第儀軌法)』에는 마차를 타고 본존이 내려오기를 청하는 내용이 있지만 이 역시 소가 끄는 우차와 관련된 명확한 언급이 없다.[56] 불교 도상에서 수레를

---

53 856년에 위현(韋絢)이 찬술한 『유빈객가화록(刘宾客嘉话录)』附編, (『四庫全書』卷 14 子部51). "五星惡浮图佛像。今人家多图画五星，杂于佛事，或谓之禳灾，真不知也."

54 서하 〈치성광다라니경〉의 서문에서 오성(五星)이 치성광여래의 앞길을 인도하는 존재로 기록되어 있고 경전의 후배면에 구요의 인화적 도상(人化的圖像)이 그려져 있다고 한 것으로 미루어 오성 신앙과 관련지어 치성광여래와 구요가 이해되고 있었다는 것을 알 수 있다.

55 H·A 聶歷山 著, 崔紅芬, 文志勇 译,「12世紀西夏國的星曜崇拜」,『固原师专报(社會科學版)』제26권, 제2 기, 固原师范高等专科学校. 2005, 29쪽. 서하 판본 〈불설금륜불정대위덕치성광여래다라니경(佛說金輪佛頂大威德熾盛光如來陀羅尼經)〉에서는 치성광여래의 수레가 자금차(紫金車)라고 표현되고 있다; 기존의 연구서 혹은 사전 등에서 해석되고 있는 치성광여래도상의 우차는 힌두교에서 태양이 백우거(白牛車)를 타고 우주를 1회 돌면 1년이 된다는 설에서 유래하였다는 것과 치성광여래가 대백우거를 타고 강림하는 것은 소를 상징하는 진성(鎭星, 토성)과 교합하였기 때문이라고 하는 내용 등이 있다.(姜素妍,「熾盛光如來往臨圖」,『國華』1313號, 國華社, 2005, 50쪽.)

56 단을 세우고 기도를 올리면서 본존을 청하는 내용에서 허공에 머물던 본존이 차

타고 있는 형상은 마리지천도상에서 찾을 수 있다. 일월(日月)과 관련을 가지면서 위광과 양염(陽炎)이라는 빛을 의미하는 여성형 보살인 마리지천은 762년 불공 삼장이 황제에게 백단(白壇) 마리지천상을 진상한 것을 계기로 중국에 소개된다. 이후 도교와 습합되어 북두칠성의 어머니로 알려진 두모원군(斗母元君, 斗姥元君)으로 변모하여 중국에서 별들과 관련된 또 하나의 성신이 되었다.[57] 북두칠성을 의미하는 일곱 마리의 멧돼지가 끄는 차격(車輅, 덮개를 한 수레)을 타고 있는 마리지천의 형상은 치성광여래가 우차를 타고 있는 모습과 매우 유사하다. 어쩌면 전란과 여행길을 보호하여 안전을 지켜주며 여러 종류의 고난에서 구해준다는 마리지천과 북두칠성의 조합을 보고 수레를 타고 있는 북극성의 모티브를 구성하였을 가능성도 있다.[58]

격을 타고 내려오는 상상을 하라고 적혀 있다. "結迎請聖口眾印。二手仰相叉。以二蓋頭相拄如車輅。隨誦真言。以二輪各撥二光。向身招之或三或七。想諸聖口眾乘此車輅來降道場。迎請真言曰"；『불설대위덕금륜불정치성광여래소재경(佛說大威德金輪佛頂熾盛光如來消災經)』의 명칭에 보이는 금륜불정(金輪佛頂)과 관련하여 불공이 찬술한 『금륜왕불정요략염송법(金輪王佛頂要略念誦法)』을 살펴보면 금륜왕불정이 하늘로부터 내려와주길 바라며 수레 모양을 본뜬 영청성중인(迎請聖衆印)을 짓고 진언을 외우면서 모든 성중이 수레를 타고 도량으로 내려오는 모습을 상상하라는 내용이 언급된다.

57 『정원신정석교목록(貞元新定釋敎目錄) 1』, 동국역경원, 2009, 509-510쪽: 위경으로 추정되는 『불설치성광대위덕소재길상다라니경(佛說熾盛光大威德消災吉祥陀羅尼經)』의 역자에 불공의 이름이 사용된 사실을 고려해 보면 그가 황제에게 진상했던 마리지천의 도상이 이후 치성광여래도상에 영향을 주었을 가능성도 있다. 도교에서 도모천존(道母天尊), 북두자광부인(北斗紫光夫人) 등으로 알려진 두모원군은 천황대제(天皇大帝)와 자미제군(紫微帝君), 북두칠원성군(北斗七元星君)등의 자식을 생산한 원시음신(原始陰神)으로 인간의 생사복록을 관장하는 별들의 어머니로 모셔진다.

58 최성은, 「高麗時代 護持佛 摩利支天像에 대한 고찰」, 『佛教研究』 vol 29, 한국불교연구원, 2008, 295-297쪽: 태양과 달의 광선을 의미하는 마리지천은 산스크리트

도 12. 〈북두제거(北斗帝車)〉, 산동성 가상현 무량사(武梁祠) 화상석, 150년경.

소가 끄는 수레에 앉아 있는 여래의 형상과 관련해 신앙의 발원지가 중국이라는 점을 염두에 둔다면 도상의 연원 역시 중국 전통 사상에 초점을 맞추어 살펴볼 필요가 있다. 『사기』와 『진서』에 보이는 북극성은 북두칠성 수레를 타고 천공을 순례하는 존재이며,[59] 이 모습은 한대(漢代) 화상석(畵像石)에서부터 그 사례를 찾을 수 있다.(도 12) 중국인들에게 수레를 타고 있는 치성광여래의 모습은 그들에게 익숙한 북두칠성 수레를 탄 북극성의 이미지에 잘 부합하였을 것이다.[60] 아울러 도교 천신강림도(天神降臨圖)에서 천인들이 타고 있는 수레 역시 연관을

어 'Marici'의 음역으로 '양염(陽炎)'으로 번역된다. 사람에게 나타나지 않으면서 언제나 이익을 주는 여신이다.

59 『史記』 권27, 「天官書」 '斗爲帝車, 運于中央, 臨制四鄕. 分陰陽, 建四時, 均五行, 移節度, 定諸紀, 皆係北斗' 『晉書』 권11, 「天文志」 '斗爲人君之象, 號令之主也. 又爲帝車, 取乎運動之義也'.

60 孟嗣徽, 「熾盛光佛變相圖圖像硏究」, 『敦煌吐魯番硏究』 제2권, 北京大学出版社. 1997, 135쪽. 기마인물상이 이후 치성광여래도에서 소를 끌고 가는 토성의 형상으로 변모하는 것으로 추측한다.

갖는 듯하다. 치성광여래가 수레를 타고 권속들과 함께 강림하는 도상은 규(圭)를 가진 자미대제를 중심으로 그 주위에 오성칠요(五星七曜)와 칠원사성(七元四聖), 십이궁과 이십팔수가 구름을 타고 내려오는 모습을 그린 후량(後梁)의 〈자미조회도(紫微朝會圖)〉와도 유사함을 보이고 있어 도교의 성수도상과도 깊은 연관성을 가진 것으로 추정된다.[61]

2) 신앙의 변화에 따른 도상의 전개

중국 화가가 그린 성수의 도상을 살펴보면 9세기 이전 치성광여래를 작품의 주제로 삼았던 화가는 오도자(吳道子)가 유일하다.〈표 3〉 치성광여래가 제요성수와 함께 그려진 도상이 만들어진 것은 신앙이 성립한 후였을 것이고 빨라도 대중의 호응을 얻었던 9세기 초반 이후로 보는 것이 타당할 것이다.[62] 회화 작품으로서 본격적으로 전개되는 것도 당말 오대(五代)가 지나서 이기 때문에 송내부(宋內部)에 있었다던 오도자의 치성광여래도는 그 진위문제가 의심되며 만약 진작이었다 해도 치성광여래와 구요가 함께 어우러진 도상은 아니었던 것으로 사료된다. 전촉(前蜀, 907-925)의 양원진(楊元眞)은 사천의 대성자사(大聖慈寺)와 성흥사(聖興寺)의 천왕원(天王院)에 치성광불과 구요, 이십팔수를

---

61 이치찬(李廌撰), 『덕우재화품(德隅斋画品)』, 〈자미조회도(紫微朝會圖)〉. "帝被衮執圭, 五星七曜, 七元四聖, 左右執侍, 十二宮神, 二十八舍星, 各居其次, 乘雲來下." (https://zh.wikisource.org/wiki/ 참조.): 십이궁이 그려진 것으로 보아 이 작품은 불교의 점성학적 요소를 반영하고 있는 도교 회화로 추정된다; 동진의 고개지(顧愷之)가 그린 〈낙신부도(洛神賦圖)〉와 굴원(屈原)의 작품이 수록된 『초사(楚辭)』의 내용을 그린 구가도(九歌圖) 같은 도교 회화 상의 천인강림형상은 성수(聖獸)가 끄는 수레를 타고 성중(聖衆)의 호위를 받으며 내려오는 것으로 묘사된다.

62 Alexander C. Soper, "Hsiang-Kuo-Ssǔ. An Imperial Temple of Northern Sung", *Journal of the American Oriental Society* vol. 68, No. 1, Jan.-Mar. 1948, pp. 42-43. 치성광여래도상의 성립을 9세기 말로 추정하고 있다.

<표 3> 기록에 나타난 치성광여래도와 화가

시대	작가	내용	비고
양梁	장승요 張僧繇	구요상(九曜像), 진성상(鎭星像), 오성이십팔수진형도(五星二十八宿眞形圖)	520-540 활동
당唐	염립본 閻立本	북제상(北帝像), 오성상(五星像) 2, 태백(太白), 방수(房宿), 자미북극대제(紫薇北極大帝)	당나라 초기 활동
당 唐	오도자 吳道子	치성광불상(熾盛光佛像), 태양제군(太陽帝君), 진성(鎭星), 태백(太白), 형혹(熒惑), 나후(羅睺), 계도(計都), 오성상(五星像) 1, 오성도(五星圖) 1, 이십팔수상(二十八宿像)	어부소장 (御府所藏) ?-792
오대五代 (전촉前蜀)	양원진 楊元眞	치성광불(熾盛光佛)과 구요(九曜), 이십팔수(二十八宿)	사천 대성현사 (大聖慈寺), 성흥사(聖興寺), 907-925 활동
오대五代 (후량後梁)	주요 朱繇	치성광불(熾盛光佛)	907-922
오대십국 五代十國	조중원 曹仲元	구요상(九曜像)	902-979
남당 南唐	왕제한 王齊翰	태양상(太陽像), 태음상(太陰像), 금성상(金星像), 수성상(水星像), 화성상(火星像), 토성상(土星像), 나후상(羅睺像), 계도상(計都像), 북두성군상(北斗星君像), 남두성상(南斗星像)	937-975
송 宋	고익 高益	치성광불(熾盛光佛), 구요(九曜)	동경(東京) 대상국사(大相國寺) 회랑
송 宋	고익 高益	치성광불구요위치소본 (熾盛光佛九曜位置小本)	내부소장 (內府所藏)
송 宋	손지미 孫知微	치성광불(熾盛光佛), 구요(九曜), 십일요(十一曜)	사천 성도(成都) 수령원(壽寧院) 불전 내 사벽(四壁) 976-1022
송 宋	최백 崔白	치성광불(熾盛光佛), 십일요(十一曜)	동경(東京) 상국사(相國寺) 회랑 동벽(東壁) 1065

그렸고 후량(後梁, 907-923)의 주요(朱繇)는 치성광불과 구요, 이십팔수
도를 남겼다.[63] 치성광여래와 구요에 관련해 일반 화가가 제작한 작품
은 〈표 3〉과 같다.

　치성광여래 신앙이 대중적인 호응을 얻게 되면서 도상에는 치성광
여래와 구요를 위시하여 십이궁과 이십팔수가 등장하게 된다. 북송 개
보 5년(972)에 인쇄된 『치성광불정대위덕소재길상다라니경』은 전소경
이란 사람이 아버지의 장수를 기원하며 사월 초파일(浴佛節日)에 맞춰
서 이 경을 인쇄하여 사람들에게 보시한 것이다.[64] 이 경변상판화에는
소가 끄는 수레(牛車)를 타고 있는 치성광여래를 중심으로 구요에 자기
(紫炁), 월패(月孛)를 더한 십일요를 배치하고 아난과 가섭으로 보이는
두 명의 승려와 두 명의 무인상을 더 그려 넣었다.[65] 그 둘레로 원형의
틀 속에 각각의 상징적인 표식으로 나타낸 십이궁을 그리고 사방으로
뻗치는 신령스러운 구름과 같은 모양으로 구획된 화면의 가장자리에
별자리와 함께 이십팔수를 사람과 동물이 합쳐진 기이한 형상으로 그
렸다. 그 모습은 불교 경전인 「칠요성신별행법(七曜星辰別行法)」의 병을
주는 귀신 형상(病鬼形)을 따르지 않고, 별의 신을 나타내는 모습으로
변화된 〈오성이십팔수도(五星二十八宿圖)〉의 것을 따랐다.[66](도 13) 그

---

63 초계은(楚啓恩), 『중국벽화사』, 북경공예미술출판사, 1999, 154-156쪽; 『익주명화
　　록』 권중, "今聖興寺天王院天王及部屬, 熾盛光佛、九曜, 二十八宿", "大聖慈寺 熾盛
　　光佛、九曜二十八宿".

64 "□□□□□錢昭慶發心印造『熾盛光經』一藏, 散施持頌, 所構勝因 乃敘凡懇. 伏願
　　先將巨善上贊嚴親, 潤似海之幅源, 益如椿之運數."

65 치성광여래도에서 강림 형식의 도상은 운동감을 나타내기 위해 사선으로 구도를
　　처리하는 것이 일반적인데 비해 이 작품의 인물들은 모두 정면관이다. 이는 설법
　　회 형식의 도상에 보이는 인물의 배치와 유사한 것으로 아난과 가섭이 협시로
　　그려지고 사천왕이 배치된 것으로 미루어 아마도 이 시기 설법회 형식의 도상을
　　차용하여 강림 형식의 도상을 제작한 것으로 사료된다.

도 13. 〈치성광길상다라니경변상판화(熾盛光吉祥陀羅尼經變相版畵)〉,
북송 개보 5년(972), 지본, 28.4×143.8cm, 奈良 米谷町上之坊.

림에서처럼 별자리가 함께 그려진 이십팔수와 십이궁의 형태·배치 구
도는 토노번(吐魯番)에서 출토된 8세기 당대(唐代) 성점도인 〈제신살방
위도(諸神煞方位圖)〉의 잔편(殘片)과 유사함을 보여 동심원의 구도로 십
이궁과 이십팔수가 함께 그려진 치성광여래도상은 점성의 해석판과 깊
은 연관이 있다는 것을 알 수 있다.(도 14)

광계(光啓) 연간(885-888) 영주 광복사(廣福寺)의 승려 무적(無跡)은

---

66 일행의 찬술로 전해지는 「칠요성신별행법(七曜星辰別行法)」에 그려진 형상은 각
수(各宿)가 직일(直日)하는 날에 소관(所管)하는 귀신의 모습을 그린 것이기 때문
에 굉장히 괴이하다. 이 형상이 도교에 전래되면서 귀형은 순화된 모습으로 변형
되어 〈오성이십팔수도(五星二十八宿圖)〉에는 마치 이십팔수를 의미하는 성수신
형처럼 나타나고 있는 것으로 추정된다.

'불정치성광항제성수길상도
량법(佛頂熾盛光降諸星宿吉祥
道場法)'이라는 소재법을 전
수받아 사찰에 도량을 건설
하고 부사(府帥) 한공(韓公)
개인의 본명성 소재법식을
행하였다.[67] 이는 당시 치성
광여래 신앙이 단순한 기복
신앙에서 의례 절차와 체제
를 갖춘 본명성 소재 신앙으
로 확립되었다는 것을 의미
한다.

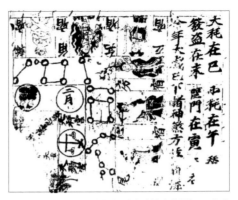

도 14. 제신살방위도(諸神煞方位圖), 8세기,
토노번(吐魯番) 출토.

10세기가 되면 치성광여
래 조상도 제작되기 시작한
다. 건덕 4년(922)에 만들어
진 대족(大足)석굴 39호의
치성광여래 불감은 오른쪽
벽에 '敬□ 發心 鎸造 □□德
熾盛光佛幷九曜共一龕 □
□…'라는 조성기가 있어 치
성광여래와 구요를 새긴 것
임을 알 수 있다.(도 15) 불

도 15. 치성광불병구요(熾盛光佛竝九曜),
전촉(前蜀) 건덕 4년(乾德四年, 922),
80×80×25cm, 대족(大足)석굴 39호.

67 『송고승전(宋高僧傳)』 권30. 下冊, 752-753쪽. "光啓年間(885-888) 傳授 '佛頂熾盛
光降諸星宿吉祥道場法' 歸本府. 府帥韓公聞其堪消分野之災…"

감 내부 중앙에 연화대좌 위 결가부좌로 앉은 치성광여래는 선정인을 짓고 있는 두 손은 여덟 폭의 바큇살이 선명히 묘사된 금륜을 받치고 있다. 치성광여래를 중심으로 하여 향 좌에 5구, 향 우에 4구씩 나누어 배치한 소형의 인물들은 구요를 나타낸 것이다. 구요 가운데 화·수·목·금·토요의 형태는 9세기 후반 〈치성광오성도〉에서 보이는 것과 동일한 지물을 가지고 있다. 그림에 묘사되지 않았던 일요와 월요의 형태는 목요와 같이 대수포를 입은 공경대부의 모습에 두 손에는 태양과 달로 추정되는 지물을 받들고 있다. 대족석굴에는 39호 불감에 앞서 후한(後漢) 영평 5년(915)에 조성된 〈대위덕치성광불과 구요〉조상이 있었다고 한다.[68] 천우(天祐) 12년(915) 10월에 치성광여래상을 돌아가신 부모를 위하여 모셨다는 조성기와 후진(後晉) 천복 연간(936-943)에 구요산 석실에 수요의 특징인 책과 붓을 들고 있는 조각상이 있었다는 사실 등을 통해 10세기 초 대족석굴 외에도 치성광불과 구요상을 주제로 다룬 조각 작품들이 다수 존재했음을 확인할 수 있다.[69]

치성광 본명 신앙이 발달하면서 10세기 전반 예불 용도의 조각 작품이 나타나고 구요와 이십팔수가 여래의 권속으로 등장한다는 것은 신앙에 대한 대중의 인식이 변화하였다는 사실을 의미한다. 절강성 박물관에 소장된 백상탑(白象塔) 출토 태양천자공양상(太陽天子供養像)의 수미단에 새겨진 명문에 의하면 지도 2년(至道二年, 996) 3월 10일 치성광 소재도량을 황제와 백성들의 보안을 위해 실행하였음을 알 수 있다. 이는 10세기 후반이 되면 국태민안을 위해 치성광 소재도량을 실행할

---

68 李巳生, 「川密造像藝術初探」, 『中華佛學學報第』19期, 中華佛學研究所, 2006, 413쪽.
69 최종세, 「공자진의 〈己亥雜詩〉譯註(8)」, 『中國語文論叢』, 중국어문연구회, 1998, 426쪽 참조; 中央研究院傅斯年圖書館 소장 浙江錢塘 출토 '弟子孫十四娘子爲亡父母造熾盛光佛像記' 참조.

정도로 이미 치성광여래 신앙이 민중에 뿌리내려 소재 신앙으로 확고히 자리 잡고 있었음을 잘 보여주는 예다.

10세기 이후 북극성을 의미하는 치성광여래가 경전과 의례의 명칭에서 금륜불정여래(金輪佛頂如來)로 표현된 이유는 금강경계의 순밀 소재법이었던 치성광여래 신앙이 당시 대중적 호응이 높았던 불정존승 신앙과 습합되었기 때문이다. 불교 다라니 가운데 별과 관련된 재앙의 소재(消災)를 다루는 다라니는 『대불정여래밀인수증료의제보살만행수능엄경(大佛頂如來密因修證了義諸菩薩萬行首楞嚴經)』(이후 능엄경) 제7권 〈대불정다라니〉 금륜불정단에 나오는 다라니이다.[70] 불정신앙은 업장소멸과 파지옥법(破地獄法)으로 대중에게 인기가 높았고 그중에서도 별이 궤도를 벗어나 일으키는 재앙을 소멸해 준다는 〈금륜불정다라니〉의 내용은 치성광여래 신앙과 부합하는 측면이 있었기에 이러한 연유로 치성광여래는 금륜불정과 동일한 불성을 갖게 되었다.[71]

---

70 반랄밀제(般剌蜜帝)가 705년에 번역, 427구대로 되어 있는 이 다라니는 능엄주(楞嚴呪)라고도 한다. 이 주문을 게송하면 재앙이나 괴변을 일으키는 악요(惡曜)들의 우두머리인 이십팔수와 구요는 이 땅에서 다 소멸되어 온갖 나쁜 재앙이 영원히 사라질 것이라고 주문의 신통력에 대해 경전에서 설명하고 있다. "是娑婆界有八萬四千災變惡星。二十八大惡星而為上首。復有八大惡星以為其主。作種種形出現世時。能生眾生種種災異。有此呪地悉皆銷滅。十二由旬成結界地。諸惡災祥永不能入".

71 아지구다가 654년 서경(西京) 혜일사에서 집경한 『불설다라니집경(佛說陀羅尼集經)』(대정신수대장경, No. 901.)과 보사유(寶思惟)가 705년 대복선사(大福先寺)에서 번역한 『대다라니말법중일자심주경(大陀羅尼末法中一字心呪經)』(대정신수대장경, No. 956.), 708년 보제류지(菩提流支)가 번역한 『일자불정륜왕경(一字佛頂輪王經)』(고려대장경, K-425(13-731). T-951(19-224))에서 금륜불정다라니와 함께 금륜불정상법(金輪佛頂像法)이 나오지만 치성광법식이나 다라니가 보이지 않아 치성광 신앙과 직접적인 연관은 없는 것으로 보인다. 그리고 서진(西晉)의 월씨 삼장 축법호(竺法護)가 번역한 『현겁경(賢劫經)』(고려대장경, K-387(12-700))과 수나라 사나굴다(闍那崛多)가 번역한 『대승삼취참회경(大乘三聚懺悔經)』(고려대

치성광여래는 금륜불정과의 동일성을 나타내기 위해 금륜을 두 손에 가지는 형태로 제작되었으며, 더불어 신앙의 목적도 성변에 의한 소재법식에서 나아가 망자의 왕생극락과 생전의 소재구복, 장생불사와 같은 현실적인 소망으로 그 범위가 확대되었다. 돌아가신 부모의 왕생극락을 기원하는 마음을 담아 치성광여래와 구요가 사찰에 봉안되기도 하고, 사후명복의 목적을 담아 지장원에 치성광소조상이 안치되기도 하였다.[72] 현실의 모든 기우를 해결해주는 부처로 거듭나게 된 치성광여래에 대한 대중의 반응은 호의적이어서 송대는 물론 요, 금, 서하에도 치성광불과 소재길상다라니가 유행하였다.[73] 사종삼매의례(四宗三昧儀禮)를 집대성한 송의 자운준식(慈雲遵式, 964-1032)은 별의 변화와 관련된 재앙을 소멸해주는 『치성광도량념송의(熾盛光道場念誦義)』라는 참

장경. K-541(14-467)), 『오천오백불명신주제장멸죄경(五千五百佛名神呪除障滅罪經)』(고려대장경, K-394(12-1225)에 치성광불의 명호가 나오고 있지만 이들 경전 역시 치성광 신앙과 직접적인 관련은 보이고 있지 않다.

72 중국 청주 박물관 后晋 天福五年(940年) 青州 龙兴寺 香炉座题记拓片, "功德主史弘实奉为先亡父母及亡过长女, 特舍净财, 造此香炉壹座, 安于龙兴寺九曜院内炽盛光佛及九曜之前". (李森; 「龙兴寺历史与窖藏佛教造像研究」산동대학교 박사학위논문, 2005. 참조); 김월운 지음, 『전등록 3』, 〈連州地藏院 慧慈 明識大師〉, 동국역경원, 2008.12, 81쪽.

73 韋兵, 앞의 논문, 216쪽; 宮崎法子, 「山西省の寺観壁畵-北宋から元まで-」, 『世界美術大全集-東洋編』 7, 小學館, 1999, 184-185쪽; 757년 안사의 난이 일어났을 때 당 황실을 구원해 주었던 위구르인들은 본국으로 돌아가면서 마니교 승려를 데려가 국교를 마니교로 개종하였다. 따라서 구요와 관련된 마니교의 점성 신앙이 그 지역에 소개되었고 치성광 신앙도 요와 서하로 전래되어 계승되었다. 특히 서하는 사천성 서촉 지역에서 발원하였는데, 서촉 지역은 안사의 난 당시 현종의 피난지였기 때문에 당시 장안에서 행해졌던 구요와 관련된 초제와 불사 등이 그곳 지역민에게 전래되어 전승되고 있었다. 이 사실은 '현종이 행촉(行燭) 당시 이 법을 얻어 기록하였다'는 「七曜星辰別行法」의 서문을 통해 알 수 있다. "…此法後玄宗幸蜀。有人於高力士家傳得本。至今天下牢過之…".

의법(懺儀法)을 저술하였는데 이 의식집은 그의 제자였던 영감(靈鑑)에
의해 다시 찬술되었을 만큼 당시 교단에서 주목을 받았던 예참법이었
다.[74] 서하문자로 만들어진 경전 가운데는 성요 숭배와 관련된 것이 많
으며 그 가운데『치성광여래다라니경』은 이름을 달리하여 여러 판본들
이 제작될 만큼 대중적인 인기를 얻었다.[75] 10세기 후반을 지나면 도교
에서는 구요에 은요(隱曜)로 여겨지는 자기(紫炁)와 월패(月孛)를 더하여
십일요(十一曜)를 신앙하게 된다. 월패와 자기는 라후와 계도처럼 인도
에서 전래된 성수 개념으로 이해되는데 칼과 잘려진 인두(人頭)를 들고
있는 서하 시대 월패의 모습은 페르시아 성수도의 화요와 유사성을 보
이고 있어 이들 도상 역시 외래 문화의 영향을 받아 형성되었다는 것을
알 수 있다.[76]

---

74 다니엘 B.스티븐슨, 번역 우제선, 「중국 후기 天台四宗三昧의 儀禮集연구-천태의
례문헌 상호비교를 중심으로」, 『천태학연구』 제7집, 천태불교문화연구원, 2005,
4-6쪽.

75 박도화, 「高麗佛畵와 西夏佛畵의 圖像的 관련성- 阿彌陀三尊來迎圖와 慈悲道場懺
法變相圖를 중심으로」, 『古文化』 第52輯, 한국대학박물관협회. 1998.12, 67쪽. 서
하는 번한이자원(蕃漢二字院)을 설치하여 왕실에서 주도적으로 역경 사업을 전개
하였다;『佛说大威德金轮佛顶炽盛光如来陀罗尼经』(第198-199号, 西夏特藏第144号,
馆册 第809、951号)『佛说大威德炽盛光诸星宿调伏灾消吉祥陀罗尼』(第196-197号,
西夏特藏第157号, 馆册第5402、7038号).

76 뉴위성(钮卫星), 「唐宋之际道教十一曜星神崇拜的起源和流行」, 『世界宗教研究』, 中
国社会科学院世界宗教研究所, 2012. 뉴위성은 십일요의 등장을 10세기 말에 활동
한 법천(法天)의 〈제성모다라니경〉에 월패와 자기가 없어 이 이후로 시기를 늦추
어 보지만 899년 법성이 번역한 것이 돈황유서로 남아 있어 이는 재검토가 필요
한 상황이다. 자기와 월패는 〈도리율사경〉에 십일요로서 최초로 등장하고 있다;
김일권, 「고려 치성광불화의 도상 분석과 도불교섭적 천문사상 연구」, 『천태학연
구』, 원각불교사상연구원, 2002, 293쪽. 십일요는 가상적 천체인 월패(月孛)와 자
기(紫炁)가 구요에 덧붙여진 것이다. 이 두 별도 인도 천문학에서 유래된 것이라
하는데 불전에는 거의 언급되어 있지 않으나 도교 경전에서는 중요한 성수(星宿)

치성광여래 신앙은 무병장수라는 염원이 더해지면서 약사 신앙과의 습합 현상이 나타나기 시작한다. 밀교에서 약사여래는 시간과 공간을 아우르는 여래로서 일광과 월광을 협시 보살로 삼고 시간과 방위를 나누어 각각 그를 지배하는 십이신장(十二神將)을 권속으로 부리는 존재다.[77] 『대방등대집경(大方等大集經)』에 보이는 십이신장의 '인간세상을 열두 방위로 나누어 열두 달을 주야로 감시한다'는 성격은 치성광여래의 권속으로 등장하는 십이궁이 나타내는 시간적 의미와 유사함을 보이며, 이는 십이궁을 지배하는 구요의 성격과도 무관하지 않다.[78] 동방 유리광여래인 약사여래는 동방의 부처이고 치성광여래의 치성은 밝은 빛을 의미하기 때문에 역시 동방을 의미한다. 치성광여래와 약사 신앙이 혼용되었던 이유에는 기원의 목적이 유사한 것과 더불어 두 여래가 모두 동방의 세계를 의미하는 불성을 가진 것에서 기인한 것이기도 하다. 중국에서 동방여래로 치성광여래와 약사여래가 짝을 이루어 함께 도설되는 예는 서하 이후 지속적으로 나타나고 있다.

로서 포함되어 있다.

[77] 십이신장의 성격과 시간, 방위 관련 자료는 고유섭, 「藥師信仰과 新羅美術」, 『春秋』 2, 통문관, 1941, 59-60쪽. 손경수, 「韓國 十二支生肖의 연구」, 『梨大史苑』 제4집, 1962, 6-8쪽. 이은경, 「藥師信仰에 關한 硏究」, 원광대학교 석사논문, 1993, 11-13쪽 참조.

[78] 약사 신앙과 성수 신앙의 습합은 약사칠불의 불명과 「불설북두칠성연명경(佛說北斗七星延命經)」의 칠성여래 명호가 거의 유사하다는 사실에서도 찾을 수 있다. 약사칠불 가운데 다섯 여래가 칠성여래와 존명이 동일하다.

Ⅲ. 서역 점성 신앙의 수용과 전래자
- 처용의 도래

1. 서역 점성 신앙의 한반도 유입과 시기

1) 하늘에서 내려오는 부처님

서역 점성이 전래되기 이전의 한반도에도 하늘의 별을 보고 점을 치는 습속은 존재했다. 고구려에는 신령스런 별에게 제사를 지내고 별자리를 보며 농사의 풍년을 점치는 풍습이 있었고, 신라에는 함풍 4년(咸寧, 673) 괴이한 별이 나타나자 재앙이 생길 것을 염려해 담당 관서에 명하여 그것을 기도하여 물리치는 성변과 관련된 소재법도 존재하고 있었다.[79] 하지만 이는 모두 국가의 안위나 그것에 관련된 천변 점성에 가깝고 개인의 운명을 점치는 본명 점성 신앙과는 거리가 있다.

십이궁과 이십팔수, 라후와 계도성을 다루고 있는 서역 점성 천문 개념에 대한 간략한 소개는 7세기 후반에 들어서야 불교 관련 경전을 통해 한반도에 전해졌다. 본명(本命)을 운용하는 실제적인 점성 방법이

---

79 『三國志』卷30,「魏書」烏丸鮮卑東夷傳 高句麗傳. "於所居之左右立大屋, 祭鬼神, 又祀靈星・社稷. …… 今雖不爲王, 適統大人, 得稱古雛加, 亦得立宗廟, 祠靈星・社稷."; "烏丸鮮卑東夷傳 濊傳. "曉候星宿, 豫知年歲豊約; "『삼국사기』권43, 열전3, 〈김유신 下〉. "咸寧校勘 四年癸酉, 是文武大王十三年, 春妖星見, 地震, 大王憂之. 庾信進曰, "今之變異, 厄在老臣, 非國家之災校勘也. 王請勿憂." 大王曰, "若此則寡人所甚憂也." 命有司, 祈禳之."

불경으로 다루어진 것은 759년 불공이 『수요경(宿曜經)』을 번역한 이후이기 때문에 당시 경전을 통해 전해졌던 내용은 앞서 살펴본 본명 점성신앙과는 차이가 있다. 경흥(憬興)과 원효(元曉)의 주석에 보이는 천문 관념은 『루탄경(樓炭經)』, 『대집경(大集經)』, 『장아함경(長阿含經)』 등에서 보이는 불교의 고대 천문 관념이 단편적으로 소개된 것이기 때문에 이들이 언급한 본명 점성 사상은 단편적인 개념에 머무르는 수준으로 호로스코프를 이용해 개인의 운명을 점치고 진언을 외우며 소재법식을 행하는 단계는 아니었을 것이다.[80]

한반도로 전해진 불교 치성광여래 신앙을 확인할 수 있는 문헌 기록은 『고려사(高麗史)』에 전하는 〈작제건(作帝建) 설화〉와 〈고경도참(古鏡圖讖)〉이라 알려진 발삽사(教颯寺) 진성소상(鎭星(塡星) 塑像)에 관계된 기사이다. 두 기사의 내용을 살펴보면 다음과 같다.

기사 ① ... 신라의 김양정(金良貞)이 당나라 사신으로 들어가는데 작제건이 마침 그 배에 탔었다. 양정의 꿈에 백발 노인이 나타나 그에게 말하기를 만일 고려인을 내려놓으면 순풍을 얻을 것이라 했다. 작제건이 활과 화살을 잡고 바다로 뛰어내렸는데 마침 밑에는 암석이 깔려 있어 그 위에 서게 되었다. 그와 동시에 안개는 흩어지고 바람이 순하여 배는 나는 듯이 가 버렸다. 조금 있더니 한 노인이 나타나 절을 하면서 다음과 같이 말하였다. "나는 서해의 용왕입니다. 그런데 요사이 매일 저녁나절쯤 되면 늙은 여우 한 마리가 치성광여래의 형상을 하고 공중으로부터 내려와서 일월성신을 운무 중에 늘어놓고 소라나팔을 불고 북을 쳐 음악을 하면서 이 바위 위에 앉아 옹종경(臃腫經)을 읽습니다. 그러면 나의 두통이 심하게 됩니다. 듣건대 낭군이 활을 잘 쏜다 하니 원컨대 그 궁술로 나의 피해를 덜어 주시오."...... 늙은이가 말하

80 김일권, 앞의 책(2008), 71-72쪽.

던 때가 되니 과연 공중에서 음악 소리가 들리고 서북으로부터 내려오는 자가 있었다. 작제건은 그것이 정말 부처가 아닌가 의심하고 감히 쏘지 못했다. 그랬더니 노인이 다시 와서 그것이 정말 늙은 여우임에 틀림없으니 의심하지 말고 쏘라고 하였다. 그제야 작제건이 활에 살을 메어 쏘았더니 시위 소리와 함께 재깍 떨어지는 것이 있었는데 그것은 과연 늙은 여우 한 마리였다.〈작제건(作帝建) 설화〉[81]

기사 ② ... 정명 4년 무인년(戊寅, 918) 3월에는 중국 상인 왕창근이 저자 가운데서 갑자기 웬 사람을 만났다. 그는 얼굴이 이상하고 수염과 머리가 희며 옛날 관을 쓰고 거사가 입는 옷을 입고 있었으며, 왼손에는 도마 세 개를 들고 오른손에는 옛날 거울을 한 개를 들었는데 거울은 사방이 한 척 가량 이었다. 그 사람은 창근을 보고 자기 거울을 사겠느냐고 하였다. ... 동주 발삽사의 치성광여래상 앞에 전성(塡星)의 옛 소상이 있는데 그것이 거울 주인의 상과 같고 그 좌우 손에는 역시 도마와 거울을 들고 있었다.〈발삽사(勃颯寺) 전성소상(塡星塑像) 설화〉[82]

기사 ①의 작제건 설화는 『삼국유사(三國遺事)』의 거타지 설화의 내

---

81 『高麗史』卷1, 世系, "新羅金良貞奉使入唐因寄其船良貞夢白頭翁曰留高麗人可得順風作帝建執弓矢自投海下有巖石 立其上霧開風利船去如飛. 俄有一老翁拜曰我是西海龍王每日晡有老狐作熾盛光如來像從空而下 羅列日月星辰於雲霧開吹螺擊鼓奏樂而來坐此巖讀瞳腫經則我頭痛甚聞郎君善射願除吾害. 作帝建許諾及開空中樂聲果有從西北來者作帝建疑是眞佛不敢射翁復來曰正是老狐願勿復疑 作帝建撫弓撚箭候而射之應弦而墜果老狐也."; 사료의 해제는 신서원 편집부, 『북역 고려사』1책, 49-50쪽을 참고하였음.

82 『高麗史』卷1, 世家1, 太祖, "貞明四年 三月 唐商客王昌瑾忽於市中見一人狀貌瓌偉鬚髮皓白頭戴古冠被居士服左手持三隻椀右手擎一面古鏡方一尺許謂昌瑾曰能買我鏡乎⋯ 唯東州勃颯寺熾盛光如來像前有塡星古像, 如其狀, 左右亦持椀鏡"; 신서원 편집부, 위의 책, 72-73쪽.

용과 매우 흡사하여 고려 왕실을 미화하기 위해 기존의 설화를 차용 후 재구성하여 만든 내용일 가능성이 크다.[83] 밤하늘의 북극성을 나타내는 치성광여래를 화살에 맞추어 떨어트린 작제건의 영웅담은 고려 왕조의 창건이 하늘의 뜻임을 의미하는 것으로 이는 고려 왕실의 신성성을 부각하기 위한 내용으로 서술되었을 가능성이 크다.[84] 아울러 기사 ②의 내용도 고려 건국의 정당성을 의미하는 도참의 내용을 드러내기 위해 각색된 부분도 있을 것으로 추정되지만, 두 기사에서 모두 치성광여래와 관련된 내용을 다루며 사건을 풀어가는 점은 흥미롭다. 기사에 의하면 치성광여래 신앙은 바다 건너에서 도래한 새로운 신앙이었고 후고구려의 수도인 동주(東州)에는 치성광여래와 구요 가운데 하나인 전성(塡星), 즉 토요의 소상이 있었다.

작제건은 고려 태조 왕건의 할아버지로 그가 중국으로 건너가 활동했던 기사 ①의 배경 시기는 8세기 후반으로 추정되고 있다.[85] 중국에

---

83 『三國遺事』 卷3, 紀異2, 〈眞聖女大王・居陀知〉; 전기웅, 「〈삼국유사〉소재 '眞聖女大王居陀知' 설화의 검토」, 『한국민족문화』 38, 한국민족문화연구소, 2010. 11, 239쪽. 거타지 설화에 비하여 작제건 설화는 더 많은 이야기들이 첨가되어 복잡하게 변형되었기 때문에 고려 건국의 타당성을 강조하기 위하여 왕건의 선대를 미화시키기 위해 꾸며졌을 가능성이 있다; 박한설, 「王建世系의 貿易活動에 대하여-그들의 出身究明을 중심으로-」, 『史叢』 10, 고려대역사연구소, 1965, 420-421쪽. 거타지와 작제건이 당으로 가면서 수행하였던 인물의 이름이 각각 양패(良貝)와 양정(良貞)이었다는 점에서도 두 설화가 서로 연관성을 가지고 있음을 알 수 있다.

84 정연식, 「작제건 설화의 새로운 해석」, 『한국사연구』 158, 한국사연구회, 2012, 61-63쪽. 작제건 설화를 담은 『편년통록(編年通錄)』에는 왕건보다 작제건의 이야기가 더 많이 나온다. 왕건의 역성혁명이 천명이라는 것을 정당화하기 위해 저술된 것이라 볼 때 작제건 설화의 제작 시기는 고려 초기를 넘지 않을 것이다.

85 전기웅, 위의 논문, 238-239쪽. 거타지 설화의 배경은 9세기 후반이고 작제건 설화의 배경은 8세기 후반이다.

서 치성광여래 신앙이 성립된 것이 9세기를 전후한 시기로 추정되기 때문에 고려에 신앙이 전래된 시기를 8세기 후반으로 보는 것은 합당하지 않다. 발삽사 기사의 배경 시기는 918년으로, 당시 치성광여래상과 전성소상들이 옛날에 만들어진 상들(古像)이라고 사료에 전하고 있다. 조상들의 조성 시기를 시간간격을 두고 고려해 본다면 사찰에 처음으로 봉안되었던 때는 9세기 중반 이전이었을 것이다. 중국에서 소재길상 신앙으로 호응이 높았던 치성광여래 신앙은 구법을 떠났던 엔닌에 의해 841년 〈치성광법〉이라는 소재법식을 통해 일본에 전래된 사실이 있다. 때문에 한반도 전래 시기 역시 이를 참조해 9세기 중반을 전후하여 추정하면 무난할 것으로 사료된다.

당시 서해와 남해의 바닷길에서 활발한 활동을 보였던 장보고의 해상 활동은 한반도와 중국을 왕래하였던 사신 및 유학생의 왕래나 상인의 무역 활동에 중요한 역할을 하였다. 당나라 각지에는 신라인들이 모여 사는 적산촌이 있었는데 그곳의 신라인들은 사찰인 법화원(法華院)에서 신라와 당의 방식을 병행하여 불교 의례를 행하고 있었다.[86] 그 무렵 중국은 치성광여래 신앙에 대한 대중의 호응이 높았기 때문에 일본보다 더 활발한 대외 활동을 하며 중국과 한반도를 오갔던 신라인들은 그와 관련된 신행법을 알고 있었을 것이다.[87] 당시 해상의 상황들과

---

86 이유진, 「9세기 재당신라인의 활동에 대하여-〈입당구법순례행기〉를 중심으로」, 『중국사연구』 13, 중국사학회, 2001, 109-118쪽; 법화원의 불교 의식 내용은 김문경, 「적산 법화원의 불교의식-불교 대중화 과정의 일척」, 『사학지』 1(0), 단국사학회, 1967 참조.

87 권덕영, 「在唐 新羅人의 綜合的 考察」-9세기를 중심으로-, 『역사와 경계』 48, 부산경남사학회, 2003, 16-17쪽; 『무구정광대다라니경(無垢淨光大陀羅尼經)』은 장안 4년(長安, 704년)에 미타산(彌陀山)이 번역한 이후 성덕왕(聖德王) 5년(706) 신라 황복사 삼층석탑 사리함명에 그 경전명이 등장하고 있어 당의 불교 문화가 빠르

일본으로 신앙이 전래된 시기를 참조한다면 9세기 중반 무렵 한국에 치성광여래 신앙이 전래되었을 가능성은 충분하다.

밀교 성수 신앙이었던 치성광여래 신앙을 수용한 배경으로 고려해 볼 사실은 통일신라 말기 새롭게 불기 시작한 밀교 종파의 영향을 들 수 있다. 방산석경(房山石經)에 포함된 후고구려 승려의 저작 『건격표 사일승수행자비밀의기(健拏標詞一乘修行者秘密義記)』에 보이는 밀교 용어와 신비한 주술적 내용, 호마법(護摩法)과 밀전을 강조하는 부분에서 당시 후고구려에 밀교가 전래된 사실도 확인된다. 기사 ①에 '소라나팔을 불고 북을 쳐 음악을 하면서 옹종경을 읽는다.'고 한 내용은 밀교의 방편법으로 다라니를 외워 소재법을 행하는 신행법을 묘사한 것이다.[88]

나말여초 다라니의 위신력으로 양재초복(禳災招福)하면서 생민구제에 힘써 왔던 불교 종파는 총지종(摠持宗)과 신인종(神印宗)이다. 고려에서 총지종 사찰인 총지사(摠持寺)에 소재도량을 개설했던 역사적 사실과 신앙의 성격이 병자의 치료와 관련 있는 점을 고려하면 치성광여래 신앙의 전반적인 내용은 신인종보다는 다라니 염송을 중심으로 치병과 소재 활동에 힘썼던 총지종에 더 가깝다.[89]

2) 『고려사』에 기록된 전성(塡星, 토성)

발삽사 기사에 따르면 치성광여래 조각상 앞에 서 있던 전성(토요)은 '수염과 머리카락이 희고 머리에는 낡은 관을 썼으며 거사의 복색'을

게 한반도로 유입되었음을 알 수 있다.

88 최연식, 「《健拏標詞一乘修行者秘密義記》와 羅末麗初 華嚴學의 一動向」, 『한국사연구』 126, 한국사연구회, 2004.9, 72쪽.

89 전동혁, 「밀교의 수용과 그것의 한국전개(2): 밀교종파 총지종의 형성과 전개」, 『중앙승가대학논문집』 vol. 4, 중앙승가대학교, 1995, 55-56쪽.

한 형태로 이는 『삼국사기(三國史記)』, 『고려사절요(高麗史節要)』, 『전당시(全唐詩)』에 묘사된 전성과 유사하다.[90] 이들 기록 가운데 1145년 편찬된 『삼국사기』에 묘사된 토요는 『범천화라구요』에 전하는 바라문노승의 모습과는 사뭇 다르다.[91] 구요의 도상 변화에서 9세기 중반의 토요는 소를 타고 있는 늙은 바라문의 형상으로 지물로는 지팡이를 들고 있으며, 10세기가 되면 향합을 갖고 있는 모습도 등장한다. 940년 중국의 구요 도상을 모사한 일본의 〈구요비력(九曜秘曆)〉에 그려진 토요의 형태는 소를 타고 있는 바라문 노인의 모습과 아울러 오른손엔 지팡이를, 왼손엔 둥근 향합으로 추정되는 지물을 든 두 가지 형태로 그려져 있다. 따라서 918년 발삽사에 있었던 거사의 복색에 양손에 도마와 거울을 가지고 있던 전성의 소상은 토요 도상의 변화를 참조해 본다면 시대적 양식에 맞지 않는다.

송과 서하의 치성광여래 도상에서 토요는 치성광여래의 권속으로 묘사된 십일요의 대표 자격으로 대열의 앞에서 향로에 향을 사르는 모

---

90 『고려사절요(高麗史節要)』 卷1, 太祖神聖大王, 太祖 元年, 6월 夏六月丙辰; 『전당시(全唐詩)』 第十二函 第八册 識記.

91 발삽사 기사의 사실성과 관련하여 몇몇 논문에서 그 문제를 다루고 있다. 최성은 교수는 '勃颯寺'라는 절의 명칭에서 발삽은 목성의 브리하스파티(Brhaspati)를 음역한 것으로 생각할 수 있고, 중국 오요의 형상 가운데 〈고려사〉 기사 ②의 내용과 유사한 것은 목요(木曜)이기 때문에 전성은 토성이 아니라 목성을 의미하는 것으로 추정하였다. 그리고 전성이라고 부른 토요는 토성이 아니라 성수를 가리키는 일반 명사였을 가능성을 제시하고 있다(최성은, 앞의 논문(2002.6). 한편, 김일권 교수는 치성광여래가 천체의 황제이므로 고려 건국의 정통성을 불교적 천문 사상에서 이끌어 내는 흐름으로 기사 ②를 풀이하고 있다. 따라서 토성은 천명의 전달자이며, 발삽사 기사는 태봉(泰封)의 연호이기도 했던 수덕(水德)을 이기는 토덕(土德)을 내세워 오덕 천명 사상(五德天命思想)으로 왕건의 역성혁명에서 당위성을 부여하고자 했던 시도의 산물로 추정하고 있다(김일권, 앞의 책(2007), 352쪽).

습으로 배치된다. 발삽사 기사에서 '치성광여래 앞에 서있는 진성(塡星)'도 이러한 구도를 말하는 것으로 추정된다. 11세기 토요의 모습은 신선을 상징하는 날개옷(羽衣)을 소매가 넓은 겉옷(大袖袍) 위에 입은 거사 형상의 노인으로 바뀌고, 지물도 지팡이와 더불어 자루가 달린 병향로(柄香爐) 혹은 경전이 든 합(經盒)을 가지는데 이는 발삽사의 토요와 유사하다.

김부식은 1127년 사신으로 중국 명주(明州, 또는 영파寧波)에 갔다가 금(金)의 침략으로 사정이 여의치 않아 되돌아왔던 사실이 있다. 때문에 그때 중국의 토요상을 보고 발삽사 토요의 형태를 묘사하였을 가능성도 배제할 수는 없다.[92] 하지만 발삽사 기사에 묘사된 토요의 의습(衣褶)에는 중국 토요의 모습에 어김없이 묘사되는 우의와 관련된 내용이 없다. 중국의 토요는 도교의 선인으로 표현되기 때문에 우화등선(羽化登仙)이라는 의미를 담은 깃털망토를 착용하며 이는 중국 도사의 복식에도 적용되는 특징이다. 고려 도사의 복식은 중국과 달리 우의를 착용하지 않는다.[93] 때문에 고려의 토요상은 우의를 입지 않은 형태로 만들어졌을 것이고 김부식은 아마도 전해져 오던 설화를 바탕으로 기사를 작성하면서 1145년 당시 고려의 사찰에 조성되었던 토요의 모습을 보고 서술하였을 가능성이 크다.

토요의 지물인 거울과 도마는 병향로와 경합(鏡盒)을 달리 표현한 것으로 보이며, 도마의 경우 정방형으로 조각된 경합을 보고 도마라 판단한 것으로 볼 수 있다. 원대(元代) 영락궁 조원도(朝元圖)에서 소머리

---

92 『고려사』세가 권제15, 인종 5년. "金富軾等至宋明州, 會金兵入汴, 道梗不得入, 癸卯 乃還"

93 『선화봉사고려도경(宣和奉使高麗圖)』권18, 道教, 道士. "道士之服. 不以羽衣. 用白布爲裘. 皁巾四帶. 比之民俗. 特其袖. 少褒裕而已"

장식이 달린 관을 쓰고 있는 토요상이 오른손에 들고 있는 직육면체의 물체는 경합인데 그 모양이 도마와 비슷하다. 어깨에 걸쳐 입은 흰색의 깃털옷은 선인의 날개옷인 우의를 표현한 것이다.(도 16) 김부식이 발삽사 전성이 가진 경합을 도마로 기술한 까닭은 도상에 대한 이해가 따르지 않았던 까닭이었고, 향로를 거울이라고 한 이유는 고려 왕실의 정당성을 미화하기 위해 하늘의 뜻을 전

도 16. 토요, 영락궁 조원도(永樂宮 朝元圖) 세부.

하는 거울로 바꿔서 기술한 것으로 사료된다.[94] 비록 김부식의 기록에 양식적 변화가 반영되지 않았고 의도적인 변용이 엿보이는 것은 사실이지만 이를 통하여 중국에 나타났던 구요의 시대적 변화가 12세기 고려의 도상에 반영되고 있음을 보여주고 있는 점에서는 그 의미가 깊다.

---

94 고대에서부터 거울은 태양과 같은 절대적인 왕의 권위를 상징했기 때문에 환인은 환웅에게 삼부인의 하나로 거울을 신표로 주었으며 백제나 일본에서도 제왕의 신표로 거울이 이용되었던 예가 있다. 김부식이 치성광여래의 권속인 토요의 지물을 거울이라고 하였던 것은 아마도 왕건의 역성혁명을 천명으로 미화하고자 하였던 숨겨진 의도가 있었을 것으로 추측된다.

2. 치성광여래 신앙과 도상의 전래자

서역 점성이 한반도로 전파된 다양한 경로 가운데 본 글에서는 불교 구도자들과 서역 이민자들에 의한 두 가지 경로를 살펴보려 한다. 치성광여래 신앙이 불교의 성수 신앙이란 점을 고려하면 한반도로 신앙을 전래한 인물로서 당으로 떠났던 구법승들을 첫 번 째로 꼽을 수 있을 것이다.[95] 8세기 후반 남종선을 배우기 위해 당으로 유학하였다가 9세기 전반에 신라로 돌아왔던 승려들은 선종을 전파하기 위하여 밀교 교리에 나오는 방편을 통해 신앙의 토착화를 도모하고 있었다.[96] 이들 가운데 신라의 현초(玄超)는 중국에서 신밀교를 발전시킨 선무외(善無畏) 문하에서 수도하고 법을 전수받았다. 그는 당대 구요를 불교의 호법선신으로 격상시키는데 일조했던 경전인 〈대일경소(大日經疏)〉를 찬술하고 천문역법에 일가를 이루었던 일행선사와 동문수학하였다. 혜초는 〈수요경〉, 〈치성광다라니경〉을 찬술하였다는 불공 삼장의 6대 제자 가운데 한 명이다. 이외에도 신라로 귀국한 승려 가운데는 중국에서 유행

---

95 권덕영, 「唐 武宗의 廢佛과 新羅 求法僧의 動向」, 『정신문화연구』 54, 한국정신문화연구원, 1994, 101-106쪽. 구법승들의 구법활동은 신라 하대에 가장 활발하였는데, 회창(會昌, 841년-846년) 연간 당나라에 머물고 있던 신라 승려의 숫자만도 수백 명 이상으로 추산되며 현재 이름이 확인되는 하대의 구법승도 모두 80여명에 이른다.

96 정병삼, 「8세기 신라의 불교사상과 문화」, 『新羅文化』 25, 동국대 신라문화연구소, 2005. 2, 196-197쪽; 「신라 구법승의 구법과 전도 - 圓測과 義相, 無相과 道義를 중심으로」, 『불교연구』 27, 한국불교연구원, 2007, 69-70쪽: 나말여초 구법승들은 귀국하여 선종을 전파하는 데 핵심적인 역할을 담당하였으며, 도선의 〈寺塔 禪補說〉과 같이 밀교적인 방편을 통하여 토착화를 시도하고 있었다. (여인석, 「삼국시대의 불교교학과 치병활동의 관계」, 『醫史學』 제5권, 제2 호(통권 제9 호), 대한의사학회, 1996, 13-14쪽 참조.

하던 서역의 점성법에 관하여 지식을 갖고 있었던 사람이 존재했을 가능성이 크다. 치성광여래 신앙과 관련이 있는 총지종은 선종에 계수(繼受)되었고 9세기 초 당에서 남종선을 배워 귀국한 구법승들의 활동 시기는 치성광여래 신앙의 전래 시기와 부합된다. 이 사실에서 교리 전파의 방편으로써 치성광여래 신앙을 택해 대중으로 전파되하였을 가능성도 생각해 볼 수 있다.[97]

신앙의 전래자로 추정되는 인물들 가운데 상인들은 가장 주목할 만한 대상들이다. 사상의 이론적인 개념은 경전을 통해 전해졌지만, 실생활의 신행은 중국과 한반도를 육로와 해로로 오가며 무역에 종사했던 이들에 의해 전파되었을 가능성이 크기 때문이다. 고려사 기사에서 치성광여래 신앙과 관련해 언급된 작제건과 왕창근은 모두 해상이나 육로를 통해 한반도와 중국을 오갔던 인물들이다. 기사에 이들이 등장하고 있다는 것은 신앙의 전래와 상인들이 깊은 연관이 있음을 의미한다고 하겠다. 이는 인도 구요 신앙의 전래에 서역과 중국을 오갔던 소그드 상인이 중점적인 역할을 하였던 것과 같은 범주에서 이해된다.

신라가 당과 연합하여 삼국의 통일을 달성한 이후 신라의 수도였던 계림(鷄林)에는 중국인과 서역인들의 왕래가 빈번히 이루어졌다.[98] 재화를 움직였던 상인들은 이동이 잦았을 것인데, 먼 거리를 오가며 험난한 여행길에서 밤하늘의 별은 나침반의 역할을 함과 동시에 행상의 성공과 안전을 기원하는 신앙의 대상이었다. 특히 뭇별들을 주재하는 북극성을 나타내면서 부처의 모습을 한 치성광여래는 이들에게 절대적인

---

97 김수연, 「高麗後期 摠持宗의 활동과 사상사적 의미」, 『회당학보』 16권, 회당학회, 2011, 265-266쪽.

98 이난영, 「통일신라공예의 대외교섭」, 『통일신라 미술의 대외교섭』, 한국미술사학회, 2001, 177-178쪽.

추앙을 받았을 것이다. 엔닌(円仁)의 『입당구법순례행기(入唐求法巡禮行記)』에는 거친 바다를 항해하던 선원들이 풍랑이 일어 생명의 위험을 느끼자 순항을 기원하며 북극성인 묘견보살(妙見菩薩)에게 기도하였다는 기록이 있다.[99] 묘견보살이 북극성을 의미하는 불교의 또 다른 성신임을 고려한다면 치성광여래 신앙도 같은 개념으로 이해되고 있었을 것으로 생각된다. 실제로 9세기 중국에서는 묘견 신앙보다는 치성광여래 신앙이 대중의 호응을 받았기 때문에 연수(延壽) 혹은 소재길상을 기원하는 선물이나 신행물로써의 치성광여래 관련 불화·불상 및 다라니와 부적 등을 통해 신앙과 그 신행법이 한반도에 전파되었을 것이다.[100]

「고려사」 발삽사 기사에서 치성광여래의 형상을 하고 공중으로부터 내려와서 일월성신을 운무(雲霧) 중에 늘어놓던 치성광여래와 권속의 모습은 〈치성광여래강림도〉의 구성과 유사한 점이 많다. 중국에서 9세기 중반 치성광여래와 성수신이 그려진 그림은 제액(除厄)용 부적과 같은 용도로 사용되었다. 때문에 강림 형식으로 제작된 치성광여래도상은 기도를 드리기 위한 예배용보다는 개인 소지용 부적과 같은 목적으로 제작된 것이 다수다.[101] 구요 역시 낱장의 부적을 통해 고려인들에게 알려졌을 가능성이 크다. 10세기 중국에서는 본명에 따라 자기의 직성

---

99 엔닌(円仁), 『입당구법순례행기』 권1, 唐文宗開成三年 七月 二日, "…대사는 6월 29일 오후 2시경에 우리 배를 떠난 이후 표류하던 중 바람이 강하게 불고 파도가 사나워 배가 장차 침몰할 것 같아 두려워서, 닻과 물건들을 바다에 던져 버리고 입으로 관음보살과 묘견보살을 부르며 마음속으로 살 길을 구하자 사나운 바람이 그쳤다."

100 정진희, 앞의 논문(2017_b), 230쪽; 정진희, 「고려 치성광여래 신앙고찰」, 『정신문화연구』 제13권, 2013, 318-324쪽 참조

101 정진희, 앞의 논문(2013), 384쪽.

도 17. 수요(水曜)와 계도(計都) 부적,
지본 채색, 10세기 중반, 42×30cm,
British Museum.

도 18. 금요(金曜), 지본 채색, 서하,
20.5×14.4cm, Hermitage museum.

(直星)에 해당하는 구요의 부적을 몸에 지니고 소재길상을 염원하였는
데, 영국 박물관(The British Museum)에 소장된 수요와 계도의 부적을
비롯하여 서하시대 금요가 그려진 부적들은 당시 민중들의 성수 신앙
풍습을 보여주는 실질적인 유물이라 하겠다.(도 17, 18) 서하의 금요 부
적에서 비파를 든 금요의 우측 상부 원형의 틀 속에 그려진 소의 형상
은 페르시아 점성서에서 십이궁 별자리 가운데 금요가 주재하는 황소
궁(牛宮)을 얼룩 황소로 나타내었던 것과 같은 의미를 가진다. 항해 중
의 선원이나 여행자들은 치성광여래와 밤하늘의 별로 구성된 불화를
개인용 제액 부적과 같은 용도로 소지하고 있었을 가능성이 높다. 한편

중국뿐만 아니라 일본에 남겨진 앞선 시대의 치성광여래도상은 오성과 치성광여래가 하늘에서 강림하는 도상임을 참고한다면, 고려에 처음 전해진 치성광여래도상은 구요가 아닌 오성이 함께하는 모습이었을 가능성도 배제할 수 없다.

치성광여래도상에서 설법형식으로 그려진 그림은 소를 타고 천공을 순회하는 강림 형식보다 작품의 규모가 커 신앙이 조직적인 형태를 갖추고 예배 의례가 정착되어감에 따라 등장하게 되었을 것으로 추정된다. 조각으로 만들어진 작품은 모두 설법회 형식을 갖추고 있기 때문에 918년 발삽사에 있었던 소조 치성광여래와 구요상은 금륜을 받든 치성광여래를 중심으로 구요가 함께 조성된 설법회도와 같은 구성을 하고 있었을 것이다.

3. 이슬람의 라후, 신라의 처용이 되다

서역 점성 신앙의 한반도 전래와 관련하여 흥미로운 사실 가운데 하나가 동해안을 통해 신라에 도착했던 처용과 구요 신앙 가운데 라후에 관련된 신앙이 서로 연관성을 보인다는 것이다. 처용의 전승 기록 가운데 원류라 할 수 있는 『삼국유사』〈처용랑망해사(處容郞望海寺)〉에서 처용의 등장을 언급한 부분을 간추려 보면 다음과 같다.

'제49 대 헌강대왕 때는 경사(京師)에서 해내(海內)에 이르기까지 집과 담장이 연이어 있었으며, 초가집은 하나도 없었다. 이때 대왕이 개운포에 나가 놀다가 바야흐로 돌아가려 했다. 낮에 물가에서 쉬는데 갑자기 ㉠구름과 안개가 자욱해져 길을 잃게 되었다. 왕은 괴이하게 여겨 좌우에게 물으니 일관이 아뢰기를, "이것

은 동해용의 조화이오니 마땅히 좋은 일을 행하시어 이를 풀어야
될 것입니다."라고 하였다. 이에 유사(有司)에게 칙명을 내려 용
을 위해 그 근처에 절을 세우도록 했다.

왕령이 내려지자 구름이 개고 안개가 흩어져 이로 말미암아 개
운포(開雲浦)라고 하였다. 동해의 용은 기뻐하여 이에 일곱 아들
을 거느리고 왕 앞에 나타나 왕의 덕을 찬양하여 춤을 추며 풍악
을 연주하였다. 그 중 한 아들이 왕의 수레를 따라 서울로 들어와
정사를 도왔는데 이름은 처용(處容)이라 했다. 왕이 ⓛ아름다운
여인을 처용에게 아내로 주어 그의 생각을 잡아두려 했으며 또한
ⓒ급간(級干)의 벼슬을 내렸다. 그 처가 매우 아름다워 ⓔ역신이
그녀를 흠모해 사람으로 변하여 밤에 그 집에 가서 몰래 함께 잤
다. 처용이 밖에서 집에 돌아와 잠자리에 두 사람이 있는 것을 보
고, 이에 노래를 부르고 춤을 추며 물러났다.

노래는 이렇다. '동경 밝은 달에 밤들어 노니다가 집에 들어와
자리를 보니 ⓜ다리가 넷이러라. 둘은 내 것이고 둘은 뉘 것인고.
본디는 내 것이다마는 앗은 것을 어찌할꼬.' 이때 역신이 형체를
드러내어 앞에 무릎을 꿇고 말하기를, "제가 공의 아내를 탐내어
그녀를 범했습니다. 공이 이를 보고도 노여움을 나타내지 않으니
감동하여 아름답게 여기는 바입니다. ⓑ맹세코 지금 이후로는 공
의 형용(形容)을 그린 것만 보아도 그 문에 들어가지 않겠습니다."
라고 하였다. 이로 인해 나라 사람들(國人)이 처용의 형상을 문에
붙여 사귀를 물리치고 경사를 맞아들이게 되었다. 왕이 서울에
돌아오자 영취산 동쪽 기슭 경치 좋은 곳에 절을 세우고 이름을
망해사(望海寺)라고 했다. 또 신방사(新房寺)라고도 이름하였으니
곧 용을 위해 세운 것이다.[102]

---

102 『三國遺事』권제2, 〈기이〉, 〈處容郎望海寺〉, '第四十九憲康大王之代, 自京師至扵海
內比屋連墻, 無一草屋. 笙歌不絶道路, 風雨調扵四時. 扵是大王遊開雲浦 在鶴城西南,
今蔚州. 王将還駕. 晝校勘 歇扵汀过, 忽雲霧冥暗迷失道路. 恠問左右, 日官奏云, "此東
海龍所變也, 冝行勝事以解之." 扵是勑有司為龍剙佛寺近境. 施令已出雲開霧散. 因名開
雲浦. 東海龍喜乃率七子現扵駕前, 讚德獻舞奏樂. 其一子隨駕入京輔佐王政, 名曰處容.
王以美女妻之欲留其意, 又賜級干職. 其妻甚美, 疫神欽慕之變為人, 夜至其家竊與之

설화에 의하면 처용은 신라 헌강왕(憲康王)이 재위 5년(879) 되던 해 지금의 울산인 개운포로 나갔다 만난 신인(神人)이다.[103] 처용의 설화는 헌강왕 5년(879) 3월, 왕이 동해안으로 순행하다 이방인을 만났다는『삼국사기』의 기사와 공통점이 있어 신빙성을 더한다.[104]『삼국사기』에서 처용의 무리를 용모가 해괴하고 옷차림도 괴이하다고 표현한 것으로 미루어 신라인들이 흔히 목격할 수 있던 모습은 아니었음을 추측할 수 있다.[105]

구름과 안개 속에 나타난 처용의 여러 가지 특성들은 구요 가운데 라후(羅睺)의 신성과 관련을 보인다. 신라의 처용 설화 내용에서 라후의 특성과 부합되는 부분을 정리해 보면 〈표 4〉와 같다. 인도 베딕(Vedic) 점

宿. 處容自外至其家見寢有二人, 乃唱歌作舞而退. 歌曰. 東京明期月良, 夜入伊遊行如可, 入良沙寢矣見昆, 脚烏伊四是良羅. 二肹隱吾下扵叱古, 二肹隱誰支下焉古. 本矣吾下是如馬扵隱, 奪叱良乙何如為理古. 時神現形跪扵前曰, "吾羨公之妻今犯之矣. 公不見怒, 感而美之. 誓今已後見畫公之形容, 不入其門矣." 因此國人門帖處容之形, 以僻邪進勘. 王旣還, 乃卜靈鷲山東麓勝地, 置寺曰望海寺. 亦名新房寺, 乃為龍而置也.'; 전각기호 ㉠-㉡은 〈표 5〉에서 다루었음.

103 『高麗史』권71, 志 권제25, 樂2, 속악, 처용. '… 끝내 그가 있는 곳을 알지 못하여 당시 사람들이 신인(神人)이라 여겼다.…'; 이용범, 「處容說話의 一考察-당대 이슬람 상인과 신라-」,『진단학보』32, 1969, 20-25쪽. 처용이 출현한 개운포가 자리한 울산군은 주민들이 장사를 좋아한다고 〈동국여지승람〉에 언급될 만큼 국제 무역항으로 자리매김하고 있었다.

104 『三國史記』권제11. 新羅本紀 第十一, 憲康王 五年 春三月 '三月, 巡幸國東州郡, 有不知所從來四人, 詣駕前歌歌.校勘 形容可駭, 衣巾詭異, 時人謂之山海精靈 古記謂, 王即位元年事'; 설화에서 망해사의 다른 이름은 신방사(新房寺)로 사찰명으로는 잘 사용되지 않는 방(房)이라는 한자가 쓰였다. 이는 처용의 설화가 점성술과 관련이 있음을 암시하는 대목으로 풀이될 수도 있다. 헌강왕이 3월에 시작한 동해안 순행을 마치고 도읍으로 돌아와 절을 세운 시기는 이십팔수(宿) 별자리 가운데 방수(房宿)가 뜨는 4월 초 즈음이었던 듯하다. 때문에 설화적으로 표현하는 과정에서 이십팔수 별자리 이름을 사찰명으로 차용한 것으로 추측된다.

105 이용범, 앞의 논문(1969), 22쪽.

<표 4> 『삼국유사』 〈처용랑망해사(處容郞望海寺)〉의 내용과 라후(羅睺)의 특성 비교

	신라 처용 설화의 내용	라후 성신의 특성
1	㉠ 안개가 자욱해져 길을 잃음	천재지변과 연기를 만들어 내는 일식의 신
2	㉡ 아름다운 아내를 처용에게 줌	여신인 금성과 관련된 라후의 성적 능력
3	㉢ 정사를 도와 급간의 벼슬을 함	연설가로서 탁월한 능력, 정치적 성향, 강력한 통치력
4	㉣ 역신이 아내를 범함	잠든 사이에 범접하는 질병신의 특성
5	㉤ 네 개의 다리	수대인간(獸帶人間)에서 라후가 나타내는 부위
6	㉥ 역신이 물러남	역질을 다스리는 신성, 피부 관련 질병 치유능력

성서의 라후는 난폭하며 자욱한 연기와 함께 무서운 표정을 짓고 뱀의 몸에 핏빛의 눈과 목을 하고 있다.[106] 머리만 있고 육체가 없는 라후는 항상 현세의 물질을 갈망하고 밤에 가장 강력하게 활동하며 상징색은 검정이다. 가리키는 방위는 남서쪽이며 공기와 같은 요소들을 관리하고 특성은 연기(煙氣)와 같다. 라후는 본질적으로 토성과 같은 역할과 기능을 하기에 토성의 그림자라고도 불린다.(도 19)

별점에서 사용되는 출생 도표는 십이궁의 별자리와 상응되는 열두 구역으로 나눈 하우스(house)에 행성이 들어 있는 위치를 보면서 개인

---

106 Prash Trivedi, The Key of Life: Astrology of the Lunar Nodes, USA; Lotuspress, 2002, p. 22; 상반신은 인간의 모습이지만 하반신은 뱀처럼 표현된 라후상도 만들어지는데, 이는 머리로 표현되는 라후와 하반신이 뱀으로 묘사되는 계도가 원래는 하나의 몸이었기 때문이다.

도 19. 라후와 계도(도 1 세부)

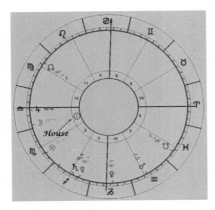

도 20. 출생 도표의 12하우스와 행성

의 운명을 풀이한다.(도 20) 도표에서 라후가 호재로 작용하면 그 능력을 무한대로 발휘하는 힘을 실어 주지만, 모든 것을 불길한 방향으로 몰아가는 힘 또한 강력하기에 라후는 매우 중요한 존재다. 이와 같이 라후는 각각의 하우스에서 서로 다른 특성을 보이는데 예를 들어 제1 하우스에 라후가 들면 피부와 관련된 일이 일어남을 뜻하고 제2 하우스에서는 영향력 있는 웅변가를 의미하는 특성을 나타낸다. 제8 하우스에서는 악성 질병과 연관되며 제10 하우스에서는 경력·명성·권위를 상징한다. 또한 라후의 성격은 하우스에 함께 든 행성에 따라서도 변화하는데, 그중에서 질병을 발생시키는 특징만을 추려보면 수성과 결합하여 역병, 수두와 같은 피부병을 유발하고 금성과 결합해 비이상적인 성적 욕망·장애를 나타내며 토성과 만나면 통풍·관절염 등을 일으킨다.

라후는 간질과 천연두, 나병

〈표 5〉 라후와 행성 결합표

행성	라후의 특성
태양	에너지를 흡수
달	초자연적 경험, 불면증, 창의성
화성	가학적 사고, 폭발적 성향, 전쟁, 혁명적 지도자 종교·인종차별적 전쟁
수성	상상력, 혁명적 아이디어 좌절감, 무기력, 역병과 같은 피부병, 수두
목성	목성의 지식과 지혜가 라후의 본능에 의해 잘못 인식됨 종교적 영성, 연설가
금성	배우, 작가, 댄서 알러지, 성적 본능, 과도한 성적 욕망·장애
토성	투쟁, 실망, 좌절, 슬픔 통풍, 관절염

등과 같이 피부질환과 관련된 전염병을 퍼트리지만 긍정적인 측면에서
는 이들 질병을 치료하는 능력도 동시에 가지는 특이한 성향을 보인
다.[107] 라후가 행성들과 함께했을 때의 특성은 〈표 5〉와 같다.

라후 신앙에서 악재를 예방하고 소멸하기 위한 소재방법은 부적과
같은 기능을 가진 보석을 착용하거나 참기름·심황·우유·꿀 등을 라후
의 조각에 붓는 의식(灌頂)을 하고 주문을 외우는 것이다.[108] 구요 가운

---

107 Komilla sutton, Lunar Nodes-Crisis and Redemption, UK; The Wessex Astrologer,
   2001. 7-13쪽.
108 인도에서 라후와 계도에게 기도하는 방법은 관정을 통한 공양으로 물과 참기름
   등으로 조상(造像)의 먼지를 씻어내고 심황을 부은 다음 백단향(sandalwood)을
   물에 타서 붓는다. 그리고 나서 우유와 꿀로 다시 관정한 후 마지막으로 꽃과
   천으로 상을 장식한다. 라후의 옷은 파란색이나 검은색이며 그 영향은 토성과

도 21. 라후, 〈범천화라구요〉

데 가장 강한 기운을 가진 별은 라후였기에 『범천화라구요(梵天火羅九曜)』에는 라후가 가장 먼저 수록되어 소개되었다.(도 21) 경전에 의하면 라후가 개인의 본명을 다스리는 별인 '직성(直星)'이 되는 해에는 큰 어려움이(大凶) 생겨난다고 하였다.

이 나이가 되면 재산이 흩어지고 구설에 휘말리거나 중병이 발생하는 악운이 따르니 신상과 공양물 및 돈을 태우면서 주문을 외우는 기도 등의 소재의식을 통해 재앙에서 벗어날 뿐 아니라 크게 길할 수 있다고 경전은 알려 준다.[109] 라후의 형상을 지니고 공양 기도를 올리면 하루아침에 운명이 바뀔 만큼 흉한 액운도 행운으로 바뀔 수 있다고 믿었기 때문에 라후가 그려진 부적을 만들어 행운을 비는

비슷하다. (http://www.puja.net 참조)

109 『梵天火羅九曜』(대정신수대장경, No.1311) '羅睺星以錢供養口決云向丑寅供之 年一十, 十九, 二十八, 三十七, 四十六, 五十五, 六十四, 七十三, 八十二, 九十一 并大凶行年至 此宿者凶星隱而不見 一名羅睺 一名羅師 一名黃幡 一名火陽廟 人本命憂官失位 重病相纏 財物破散喪服愁口舌 國王以神不祭至此宿修福攘之 元神錢畵所犯神形供養大吉云云'; '若行年到此宿 切須畵所犯神形 深室供養燒錢攘之 即災害不生 若遇惡星須攘之 諸不逆其所犯 即變凶成吉 不信即變吉成凶 遇吉星喜慶重重福德自在 遇惡星災害競生 王侯犯之即謫官降職 但以亥時面向北斗 至心祭拜本命星 切不得向北小便折人壽命 宜思真念善獲福宜財' 若不禳之災害競起'; 钮卫星, 「《梵天火羅九曜》考釋及其撰寫年代和作者問題探討」, 『自然科學史研究』24, 2005. 중국에서 서역 점성가에 의해 찬술된 본 경전의 편찬 시기는 늦어도 751년을 넘지 않는 것으로 추정하고 있다.

신행이 큰 호응을 받아 이루어졌다. 실로 64세의 토끼띠 여인의 본명성에 라후가 직성으로서 영향을 미치는 것을 소재하기 위해 만든 부적이 전해지고 있어 당시 관련 신앙의 유행을 짐작할 수 있다.[110]

신라 시대 이후의 처용의 기록은 기이한 외양과 가무에 중심을 두고 전승된다. 9세기 말 8구체 신라 향가이던 〈처용가〉는 13세기 고려 고종 23년(1236년)에 이르러 고려 가요로 다시 만들어졌다.[111] 고려 가사 〈처용가〉에서는 '天下大平 羅候德 處容아바'라고 처용을 라후라고 직접적으로 언급하며 삼재팔난을 소멸하는 처용의 성격을 분명히 나타내었다. 그 내용은 〈악학궤범〉 제5권의 학·연화대·처용무합설에 다음과 같이 전한다.

> '前腔 新羅盛代昭盛代 天下大平㉠羅候[112]德 處容아바 以是人生애
>   相不語ᄒ시란ᄃᆡ
>   以是人生애 相不語ᄒ시란ᄃᆡ
> 附葉 ㉡三災八難이 一時消滅ᄒ샷다
> 中葉 어와 아븨즈싀여 處容아븨즈싀여
> 附葉 ㉢滿頭揷花계오샤 기울어신 머리예

---

110 영국 박물관(The British Museum)에 소장된 라후 부적 상부에는 상반신만 그려진 라후가 있고 그 아래는 소재 방법이 쓰여 있다. 부적의 표기 내용; 月朝月半 燒香啓莫絶者自知 逢惡 急急如僕令 强百鬼遠離善神加力並不 病者能行日日消散歲歲 昌 (口身?)神星歡喜其人福至 星神放過赦罪德〇(昭?)念 年拾至 羅候星神者命屬 卯生 女人年六十四歲者〇〇(今?).

111 하태석, 「처용 형상의 변용 양상-처용전승을 중심으로」, 『어문논집』 제47, 2003, 367쪽. 전승의 주류에서 처용의 세속적 행적은 점차 이탈하게 되며 처용의 아내와 관련한 역신과의 일화도 고려 〈처용가〉 이후에는 사라진다.

112 15세기 세종 대 역산학의 대가였던 이순지(李純之)의 대표 저서인 『제가력상집(諸家曆象集)』에 羅睺는 羅候라고 기록되어 있으며 칠정산 내편(七政算內篇)에서는 羅后로 기록되어 있어 Rahu의 음차자로 여러 종류가 있었음을 알 수 있다.

小葉 아으 壽命長願ᄒᆞ샤 넙거신 니마해

後腔 山象이슷 깅어신눈섭에 愛人相見ᄒᆞ샤 오ᄋᆞᆯ어신누네

附葉 ㉣風入盈庭ᄒᆞ샤 우글어신귀예

中葉 ㉤紅桃花ᄀᆞ티 붉거신 모야해

附葉 五香마ᄐ 샤웅긔어신 고해

小葉 아으 ㉥千金머그샤 어위어신 이베

大葉 ㉦白玉琉璃ᄀᆞ티 ᄒᆡ여신 닛바래 人讚福盛ᄒᆞ샤 미나거신 특
　　애 七寶 계우샤 숙거신 엇게예 吉慶 계우샤 늘으어신 ᄉᆞ맷
　　길헤

附葉 설믜 모도와 有德ᄒᆞ신 가ᄉᆞ매

中葉 福智俱足 ᄒᆞ샤 브르거신 빈예 ㉧紅鞓 계우샤 굽거신 허리예

附葉 ㉨同樂大平 ᄒᆞ샤 길어신 허튀예

小葉 아으 界面 도ᄅᆞ샤 넙거신 바래

前腔 누고 지ᅀᅥ 셰니오 누고 지ᅀᅥ 셰니오 바를도 실도 어쯰 바
　　를도 실도어쯰

附葉 處容아비를 누고지ᅀᅥ 셰니오

中葉 마아만 마아만 ᄒᆞ니여

附葉 ㉩十二諸國이 모다 지ᅀᅥ 셰온

小葉 아으 ㉪處容아비를 마아만 ᄒᆞ니여

後腔 ㉫머자 외야자 綠李야 ᄲᆞᆯ리나 내신 고ᄒᆞᆯ ㉤야라

附葉 아니옷 ㉤시면 나리어다 머즌말

中葉 東京 ᄇᆞᆯᄀᆞᆫ ᄃᆞ래 새도록 노니다가

附葉 드러 내자리를 보니 가ᄅᆞ리 네히로섀라

小葉 아으 둘흔 내해 어니와 둘흔 뉘 해어 니오

大葉 이런 저긔 處容아비 옷 보시면 熱病神이ᅀᅡ 膾ㅅ가시로다 千
　　金을 주리여 處容아바 七寶를 주리여 處容아바

附葉 千金七寶도 말오 熱病神를날 자바 주쇼셔

中葉 山이여 ㉤히여 千里外예

附葉 處容아비를 어여려 거져

小葉 아으 熱病大神의 發願이 샷다. [113]

	고려 가사 〈처용가(處容歌)〉의 처용	라후(羅睺) 성신의 특징
1	㉠羅候德 處容아바	처용을 라후라고 호칭함
2	㉡三災八難이 一時消滅ᄒ샸다	소재 공양을 통해 재앙을 소멸함
3	㉢滿頭揷花계오샤 기울어신 머리예	뱀의 형상을 하고 있던 머리카락의 순화된 표현
4	㉣風入盈庭ᄒ샤 우글어신귀예 ㉤紅桃花ᄀ티 붉거신 모아해	붉은 얼굴과 커다란 귀를 가진 분노존
5	㉥千金머그샤 어위어신 이베 ㉦白玉琉璃ᄀ티 희여신 닛바래	태양을 삼키는 커다란 입과 날카로운 이빨의 표현
6	㉧紅鞓 계우샤 굽거신 허리예	기다란 신체를 가진 키 큰 사람
7	㉨十二諸國이 모다 지서 셰온 ㉩處容아비롤 마아만 ᄒ니여	점성술 출생 도표의 12하우스와 라후의 관계
8	㉪머자 외야자	공양물로 올려지는 검은색 과일

고려 가사에 묘사된 처용의 형상과 라후의 모습을 비교·정리해 보면 아래의 표와 같다.〈표 6〉

미국 보스턴 미술관에 소장된 고려 불화 〈치성광여래강림도〉는 치성광여래와 십일요가 구름을 타고 하늘에서 강림하는 모습을 그린 불화이다. 14세기를 전후해 그려진 이 그림은 보살형으로 표현된 여래를 비롯하여 명왕까지 정통 밀교의궤에 따라 도상을 풀어나간 흔적이 짙다. 십일요들은 모두 관식(冠飾)을 통해 정체성을 나타내고 있는데 라후와 계도의 관식에는 입을 벌린 황룡의 머리와 또아리를 틀고 있는 꼬리가 각각 그려져 있다. 용의 머리와 꼬리로 라후와 계도를 나타내고 있다는 사실은 당시 고려의 점성 신앙에 서역의 영향이 짙게 나타나고

---

113 이혜주, 『신역 악학궤범』(국립국악원, 2000), 5쪽, 334-338쪽.

도 22. 라후와 계도, 고려 치성광여래강림도(도 32) 세부

있음을 알려 주는 사례이다.(도 22)

『오주연문장전산고(五洲衍文長箋散稿)』에서도 보이듯 한국에서 역신은 '마마'라 불리기도 하며 전염병 가운데 두창(痘瘡)과 포창(疱瘡)을 옮기는 귀신을 지칭하고 특히 신귀(神鬼)가 강하다.[114] 출생 도표에서 라후가 제1·제8 하우스에 들거나 혹은 수성과 연관되면 수두나 역병과

---

114 李圭景, 「痘疫有神辨證說」『五洲衍文長箋散稿』 卷57, 人事篇1, 人事類2, "予等疫神徒 司疱瘡之病 予等亦以依此病死成疫神 此歲國人 始憂疱瘡.…其中 痘瘡癘疫 偏以神鬼稱 故怪而辨其大略."(한국학중앙연구원, 한국고전종합DB 원문과 국역); 李圭景, 「痘疫有神辨證說」; 황병익, 「역신의 정체와 신라 처용가의 의미고찰」, 『정신문화연구』 123(2), 2011, 129-130쪽. 두창의 최초 발원지는 인도가 유력한데 인도에서 실크로드를 따라 유럽으로 전파되었고 중국을 거쳐 한반도에 들어와 다시 일본으로 전해졌다고 한다. 한국에는 4-5세기경 대륙과 연결된 동북 방향으로 두창이 유입되어 점차 남으로 퍼져나가 신라 성덕왕 36년(736)에는 대마도를 거쳐 일본까지 유행하였다.

같은 피부병을 일으킨다. 하지만 라후에게 공양하고 기도하면 이를 치료해 주는 능력을 발휘하여 병을 낫게 해준다. 따라서 처용이 역신(疫神)을 물리치는 내용은 라후가 천연두와 나병을 제어하는 능력을 은유적인 표현으로 나타낸 것이다.[115] 역병을 다스리는 능력을 가진 별을 신으로 숭배한 예는 일본에도 있다. 일본에서 천형성(天刑星)은 진언 밀교(眞言密敎)에서 재앙을 피하거나 병을 낫게 하는 기도를 들어주는 성신(星辰)으로 가마쿠라(鎌倉) 시대에는 역병의 치료 방법으로 천형성법 기도가 유행하였다.[116] 헤이안(平安) 시대 벽사의 신들을 그린 벽사화(辟邪畵)인 〈천형성도(天刑星圖)〉는 역병을 일으키는 우두천왕(牛頭天王)을 비롯한 귀신들을 네 개의 팔로 잡아먹는 천형성의 모습을 그려 역병을 다스리는 성신의 능력을 표현하고 있다.(도 23)

처용의 설화에는 인도의 구요에서 찾아볼 수 없는 용이 등장하고 신인(神人)의 구성도 아홉 명이 아닌 여덟 명이라는 차이가 있는데 이는 이슬람 점성과 관련이 있을 수 있다. 인도에서 라후와 계도는 두 개의 별이지만 이슬람 천문에서 라후와 계도는 보이지 않는 하나의 별로, 일식과 월식을 만드는 '알 티닌(Al-Tinnin)' 혹은 '알 조자르(Al-Jauzahr)'라 불리는 몸통이 매듭지어진 용으로 묘사된다.[117](도 24) 잠든 사람에

---

115 황병익, 앞의 논문, 136-137쪽. 처용이 춤을 추어 역신을 물리친 사실에 대하여 체념·패배·인욕·위협·제압 등의 행위로 해석하는 다양한 견해가 주장되어 왔다; 천연두와 홍역을 정확히 구분한 최초의 의학서였던 알 라지(Muhammad Ibn Zakariya al-Razi; 865-925)의 〈천연두와 홍역〉을 근거로 하여(정수일, 『이슬람문명』, 창작과비평, 2002, 227-228쪽 참조) 발달된 의료 기술을 사용했던 해양 도래 이슬람인으로서 처용을 추정하는 연구도 있다.(이도흠, 「처용가의 화쟁기호학적 연구」, 『동아시아 문화연구』 24, 1994, 41쪽.)

116 奈良国立博物館, 『神仏習合—かみとほとけが織りなす信仰と美—』 특별전 도록, 2007, 272쪽.

117 Stefano Carboni, Following the Stars: Images of the Zodiac in Islamic Art, New

도 23. 천형성도(天刑星圖), 헤이안 시대, 26×39.2cm, 일본 나라(奈良) 국립 박물관.

게 질병을 일으키는 신이 범접하여 병을 일으킨다는 이야기 역시 이슬람 전통에서 그 예를 찾을 수 있다. 14세기 후반 이슬람의 십이궁 별자리와 점성에 관해 서술한 책『키탑 알 불한(Kitab al-Bulhan, '신비의 책')』의 삽도를 보면 질병을 퍼트리는 카부스(Kabus)라는 악마가 잠들어 있는 사람의 꿈속으로 들어가는 장면이 있다.[118](도 25)

York, Metropolitan Museum of Art, 1997, pp. 22-23; 이용범, 앞의 논문, 31쪽. 신라 설화에 등장하는 용과 그 아들(龍子)을 울산만에 나타난 선박과 탑승원의 출현을 분식(扮飾)하여 표현한 것으로 해석하고 있다.

118 이도흠, 앞의 논문, 40쪽. 이라크 풍속도에서 여자 역신이 남자 인간을 범하고 있는 장면을 근거로 이슬람인인 처용이 신라에 와서 병을 치료했던 행위가 처용 설화로 신격화된 것으로 해석하였다; '신비의 책'이란 뜻을 가진 『Kitab al-Bulhan』은 잘라이르 술탄 아흐마드(Jalayirid Sultan Ahmad, 1382년-1410년)가

도 24. 알 티닌(알 조자르), 무하마드
알 카즈비니(Muhammad al-Qazvini), 『아자이브
알 마흐루카트(Aja'ib al-makhluqat)』, 삽도 부분,
15세기 초, 스미스소니언 박물관.

도 25. 『키탑 알 불한(Kitab al-
Bulhan)』 삽도 카부스(Kabus)
초상화, 14세기 후반,
24.5×16cm, Bodleian Library,
옥스퍼드 대학교.

신라 향가 속 처용의 특징들이 이슬람
점성 신앙과 관련을 보인다는 것은 이슬
람 문화권의 라후 신앙이 신라로 유입되
었을 가능성이 있음을 시사한다. 무슬림들의 문화는 다방면에 걸친 광
범위한 교류를 통해 한반도로 전해졌고 그 경로도 다양하였다.[119] 중국
에 거주했던 무슬림의 이동에 관한 문헌 가운데 처용과 관련 있는 흥미
로운 기록은 처용이 신라의 동해안에 출현한 때와 비슷한 시기에 황소

바그다드에서 아랍어로 쓴 것을 다시 알 이스파하니(Al-Isfahani)가 재편집한 것
으로 별자리·점성술·신화 등에 관한 내용을 담고 있다.

119 이도흠, 앞의 논문, 37쪽. 9세기 전반 신라의 조정에서 사치품으로 금했던 물건
가운데는 동남아를 비롯하여 인도, 아랍, 아프리카가 주산지인 물품이 다수 포
함되어 있어 이들 나라와 신라의 해외 무역이 이루어지고 있었음을 짐작하게
한다; 신라 흥덕왕 9년(834년)의 법령에는 '풍속이 점차 각박해지고 백성들이 서
로 다투어 사치와 호화를 일삼아서, 다만 신이하고 진기한 물품을 숭상하고 오히
려 비야(鄙野)한 토산품을 경시한다.'라 하며 신분에 따라 사용 가능한 물품과 금
지 물품을 기록해 놓았다.(『삼국사기』 권 제33, 잡지 제2, 〈色服〉, '人有上下, 位有
尊卑, 名例不同, 衣服亦異. 俗漸澆薄, 民競奢華, 只尚異物之珍奇, 却嫌土産之鄙野')

의 난(黃巢-亂)을 피해 중국 광주(廣州) 지역의 무슬림들이 주변 지역으로 집단 이주했던 역사적 사실에 관한 것이다.

874년 당나라 조정에 반기를 들고 황소의 난을 일으킨 무리들은 중국 각지를 돌며 조정의 군대를 격파하면서 중국 남부로 이동한다. 그들은 878년 집단 공동체를 이루고 있던 아랍-페르시아계 무슬림 상인들이 살고 있던 광주 일대를 함락하고 이방인들을 10만 명 이상이나 학살하는 만행을 저지른다. 이 사건으로 많은 수의 무슬림들이 반란군을 피해 중국 인근 지역인 참파, 말레이반도, 인도차이나반도 등으로 피신하였다. 광주 일대에 거주했던 무슬림들은 9세기 전반부터 신라 상인과 직접적인 교류가 있어 신라에 대한 인식이 있었으며,[120] 중국 항주(杭州)와 양주(楊州) 지역에서 울산까지는 쿠로시오해류를 이용하면 12일 가량 소요되는 근거리였기에, 이븐 쿠르다드비(Ibn Khordadbeh, 820-912)의 『도로와 왕국 총람(Kitab al-Masalik w'al Mamalik)』에서처럼 신라로 이주해와 수도였던 경주에 정착하여 살았을 가능성이 크다.[121] 처

---

120 김창석, 「8-9세기 이슬람 제종족의 신라 來往과 그 배경」, 『한국고대사연구』 44, 한국고대사학회, 2006. 12, 116쪽. 875-884년에 걸친 황소의 난으로 인해 이민족에 대한 학살과 약탈이 자행되자 소그드인의 경우 타지역으로 이주하여 활로를 모색한 경우가 나타나고 있다; 이희수, 『한-이슬람 교류사』, 문덕사, 1991, 36, 37, 54쪽. 황소의 난으로 인해 나타나는 무슬림의 도피 방식은 신분을 숨기고 중국사회로 숨거나, 동남아 지역으로 피신한 경우가 있으며 신라로 이주한 사람들도 적지 않았다. 이희수는 처용을 황소의 난을 피해 해로를 따라 신라로 찾아온 중국 동남부 출신의 무슬림 상인일 가능성이 가장 높다고 보았다; 『효령 사공씨 세보(孝令司空氏世譜)』에 의하면 시조는 당나라 사람인 사공도(司空圖)로 그 역시 황소의 난을 피해 신라로 왔다고 한다.

121 윤명철, 「蔚山의 海港都市的 성격과 國際港路 -신라와 관련하여-」, 『한일관계사연구』 38, 2011, 107쪽. 동중국해 사단항로(斜斷航路)는 절강(浙江) 이남 지역을 출발하여 동중국해와 제주도 해역, 황해 남부를 거쳐 신라 영토로 들어오는 항로로 연장되면서 남해안을 경유하여 울산항과 이어졌다. 이 항로를 이용하여 서역

용의 설화는 879년 동해안을 통해 이주한, 이슬람 점성을 실생활에서 사용하였던 무슬림들에 의해 전래된 라후 신앙을 설화적인 표현으로 엮어낸 기록으로 추정된다. 더불어 처용 설화에서 일식과 안개라는 천재지변을 사찰을 세우는 공덕으로 풀어내는 내용은 불교식으로 악재를 소재하고 다스렸다는 해석이 가능하다. 이는 9세기 후반 신라에 사람의 운명을 점치는 점성술이 전래되어 실생활에 사용되고 있었고, 불길한 점괘가 나오면 그를 해소하기 위해 불교식 소재법을 이용했던 당시 사회적 분위기를 말해준다. 처용이 개운포로 들어왔던 879년은 불교의 구요 신앙이라 할 수 있는 치성광여래 신앙의 한반도 전래와 시기적인 편차가 크지 않다. 두 사건에서 보이는 동시대성은 이 시기를 즈음하여 서역의 점성 신앙이 한반도에 소개되었음을 말해 준다.

인들이 신라로 유입되었다; 신형식, 「신라와 서역과의 관계」, 『신라인의 실크로드』, 백신자료원, 2002, 133쪽. 울산-흑산도-명주(明州)로 이어지는 남해항로가 개척되면서 서역인들이 이 항로를 이용해 들어왔다.

Ⅳ. 고려의 치성광여래 신앙과 〈치성광여래강림도〉

1. 고려의 구요 본명 신앙

고려 시대 국가 성신 의례의 대상은 영성(靈星)과 노인성(老人星; 壽星), 북두칠성, 남두육성 등이 있었다. 농업의 신으로 추앙받던 영성과 수명을 관장하는 노인성에 대한 의례는 국가에서 행하는 길례소사(吉禮小祀)의 예로 시행되었는데, 영성에 대한 제사는 고구려 시대부터 이어져 내려왔던 것이고 노인성 제사 기록은 1039년에 처음으로 보인다.[122] 노인성의 경우 전국에 산재했던 노인당(老人堂)이라는 개별 전각에서 의례를 행하기도 하고 영험한 산을 찾거나 궁궐 내부 또는 불교 사찰에서도 초제(醮祭)라는 이름으로 노인성제를 올리고 있어 장소적 다양성을 보이고 있다.[123] 신라 하대부터 시작된 사회적 변화의 추이를 바탕으로 국가의 기강을 바로 잡고자 왕에게 올렸던 상소인 최승로(崔承老)의 시무 28조(時務二十八條)에도 '산악에 지내는 제사와 성수에 지내는 초

---

122 송지원, 「조선시대 별에 대한 제사 영성제와 노인성제 연구」, 『규장각』 30, 2007, 129쪽.

123 『고려사』 세가, 권19, 의종 24년(1170), 3월, 〈전국의 노인당에 제사를 지내다〉. 의종 24년 4월, 〈노인성의 출현을 기념해 각처에서 초제를 지내다〉; 『고려사절요』 11권, 의종 장효대왕, 1170년, '죽장사에서 노인성에게 제사를 지냈다.'

제는 그 번잡함이 도를 넘어섰으니…'라는 내용이 있어 성수 신앙에 대한 당시 대중의 적극적인 호응을 알 수 있다.

서긍(徐兢)은 고려인들이 영성에 제사 지내기를 좋아한다고 하였는데 이는 고려 여러 지역에 별에 기원을 드리는 성단(星壇)이 존재했던 사실과 부합한다.[124] 10세기 중반 빈번히 거행되었던 성수 의례는 최승로의 상소에서 '초제(醮祭)'라는 명칭으로 기록되어 있고 '초(醮)'는 재앙을 멸하고 액을 피하는(消災度厄)을 목적으로 밤에 공물을 차려 놓고 신에게 기원문을 올리는 도교 의례로 여겨진다.[125] 하지만 기록에 따르면 '국가의 고사(古事)에 때때로 하늘과 땅 및 경내의 산천에 대하여 대궐 뜰에서 두루 제사를 지냈는데 이를 초제라 불렀다.'라 하여 초제가 꼭 도교의 의례만을 지칭하는 것은 아니었다.[126] 별에게 올리는 초제는 사찰에서도 거행되었고 도불 양교에서 초(醮)는 별에게 기도하는 의식을 뜻하는 일반적인 명사로 사용되고 있었다.[127]

---

124 『선화봉사고려도경』 권17, 祠宇 참조; 『고려사절요』 권2, 성종 문의대왕, 壬午元年(982) '…其山嶽之祭, 星宿之醮, 煩黷過度…'; 고려의 죽장사와 봉선사, 사천왕사 등에는 별에게 제사를 드리는 성단이 있었고 비봉산, 도련포, 압구정 등 전국 여러 지역에도 성단이 존재하고 있었다; 『목은시고』 26권, 〈詩〉, "신무급(信無及)이 병 때문에 봉선사(奉先寺)의 소재단(消災殿)에 우거하고 있었으므로, 내가 문병하러 가보니, 병은 이미 나은 뒤였다."; 황해도 문화현(文化縣)의 사왕사(四王寺)에는 오래된 성초제단(星醮祭壇)이 있다(『신증동국여지승람』 권42. 佛宇); 『동문선』 22권, 칠언절구, 〈죽장사〉 "祭星壇畔春風早".

125 김철웅, 「高麗時代『雜祀』研究-醮祭, 山川・城隍祭祀를 중심으로-」, 고려대학교 박사학위논문, 2001, 74-75쪽. 도교의 초제는 소재도액을 목적으로 밤에 야외에서 올리는 제사로서 고려 시대에는 성수에 대한 숭배로 이해되었다.

126 『고려사』 권63, 권 제17, 禮五, 길례소사, 잡사, 1012년. 〈헌종이 구정에서 초제를 지내다〉.

127 정진희, 「보스턴 미술관 소장 고려 치성광여래 강림도의 도상고찰」, 『정신문화연구』 제137권, 2014, 332쪽 참조

별에 신령함이 깃들어 있다고 생각했던 관념은 민간 신앙에서도 그 흔적을 보인다. 무속 신앙에서 천신은 하늘 그 자체보다 해와 달, 별의 형태를 띠고 나타나는 경우가 많았다. 북두칠성과 일월성신은 그 가운데서도 꾸준히 신앙되며 대를 이어 전승되고 있어 그 뿌리가 깊다. 천상의 신 가운데 일월성신은 무당의 수호신 중에서 가장 격이 높은 신으로 내림굿이나 재수굿, 만수무강을 빌고 극락왕생을 바라는 목적에서 굿거리가 행해지고 있다.

무속 신앙에서도 제석천·칠성·구요 등을 함께 모시고 있으며 집에 복이 들어오라고 비는 『불설명당신주경(佛說明堂神呪經)』과 『안토지명당경(安土地明堂經)』에는 천황대제와 칠성, 구요, 이십팔수에게 기원하는 내용이 나온다.[128] 북두칠성에게는 수명과 구복을 기원하며 굿거리를 하는데 전국의 천신 계통 굿거리 이름은 대부분이 북두칠성과 연관이 있을 만큼 한국 민간 성수 신앙에서 북두칠성의 의미는 크다.[129]

9세기 중반, 환경상 왕래가 어렵고 언어적으로도 상호 이해가 원활하지 않았던 시기에 전래된 신앙이 본래의 의미와 교리적 해석을 정확히 담고 있기는 현실적으로 어려운 일이다. 고려로 전승된 점성 신앙 역시 지역적인 특성을 십분 반영하여 변화해 갔을 것으로 추정되나, 아쉽게도 이를 살필 수 있는 미술품은 현재 보스턴 미술관에 소장된 불화 한 점이 전부이다. 이와 같은 이유로 신앙과 관련된 기록을 통해 남겨진 공백을 채워 보려 한다.

---

128 『동국이상국전집』 제2권, 고율시, 〈老巫篇〉; 『佛說明堂神呪經』, 『安土地明堂經』은 불교 경전명과 도교 성신 등을 인용하고 있으나 도불의 경전은 아니며 안택굿에서 지신(地神)과 가정 수호신을 축원하는 자리에 두루 이용되고 있다. 『홍재전서』 권117, 경사강의 54, 강목 8 참조

129 황루시, 「巫俗의 天神儀禮에 관한 研究」, 『비교민속학』 22권, 2002, 41-53쪽.

1) 아홉 별을 모시는 전각을 짓다 - 왕건의 구요당 창건

고려 태조 왕건이 국가와 왕실의 안녕을 바라는 기양적(祈禳的) 의미를 담아 구요당을 창건한 사건은 구요 신앙과 관련이 있는 최초의 분명한 역사적 사실이다. 왕조를 개창하고 얼마 지나지 않은 924년 구요당이라는 성수의례용 전각을 짓는 사업을 진행한다는 것은 서역 점성 신앙에 대한 이해와 호응이 뒷받침되었기에 가능한 일이었을 것이다. 중국과 일본에서 행해졌던 치성광법식이 최고 권력자의 본명성 소재법식임을 고려한다면 구요당의 용도 또한 왕의 소재를 위해 의식을 거행했던 의례처였을 가능성이 크다.

한국에서 밤하늘의 별 가운데 독립적인 신앙의 대상으로서 사상적 배경과 체계적 조직을 구성하여 전각의 주존으로 받들어진 성신은 구요당의 구요가 처음이다.[130] 왕건이 개성에 건립한 구요당은 이후 영성 제례의 장소로 조선 전기까지 활용되고 있었다.[131] 구요당에서는 기우제를 지내기도 하고 성변(星變)·천변(天變)과 불길한 별점 결과에 따른

---

130 서윤길, 앞의 책(1994), 116쪽; 구요당 창건 이전 922년 왕성의 북서쪽에 일월사(日月寺)를 창건하였는데, 사찰명에서 '日月'이라는 성신적 요소가 보이고 1121년에는 소재도량을 개최하고 있어 성수 신앙과 관련된 사찰이었음을 추측할 수 있다(『고려사』세가 권1, 태조 5년, '夏四月 創日月寺于宮城西北.'; 『고려사』세가 권14, 예종 16년 5월, '甲寅 設消災道場於賞春亭及日月·王輪·高峯·極樂寺三七日.'). 하지만 이인로(1152년-1220년)의 「파한집(破閑集)」에 '…承宣金奉聖旨, 令兩令公受命, 到日月寺樂聖齋學堂, 與諸生講習….'라는 내용이 있는 것으로 볼 때 일월사가 교육 기관으로도 활용되고 있었음을 알 수 있어 사찰의 성격을 단정 지어 말하기는 어렵다.

131 고려 개국 초기부터 조선 초기까지 구요당은 여러 차례 재건축되면서 존재해왔다. 1392년 구요당은 폐지되었지만 1418년 소격서에 있었던 십일요전은 구요당과 같은 성격의 전각이었을 것으로 추정된다. 『태조실록』권2, 1년(1392), 『세종실록』권1, 즉위년(1418년) 9월 18일 참조.

재앙을 물리치고자 제사를 지내기도 하였다. 구요당은 시대를 달리하며 왕이 직접 찾아가 제례를 올리고 국가에서 관리를 맡았던 주요한 의례 장소였다.[132]

창건 이후 구요당과 관련한 공식적인 기사는 150여 년이라는 시간이 지난 후인 문종 36년(1082년) '구요당에서 기우를 위한 초제를 지냈다'는 기록에 보이지만, 고려에서 구요는 서역 점성과 연관된 일련의 사건들을 통해 여전히 그 존재는 확인된다. 광종은 959년 〈효경자웅도(孝經雌雄圖)〉를 사신을 통해 후주(後周)로 보내었다.[133] 〈효경자웅도〉는 일식과 별점을 치는 방법을 기술한 책으로 인도의 천문점성서를 번역한 총 120권의 『대당개원점경』 가운데 하나이다. 송나라의 엽몽득은 『유환기문(游宦記聞)』에서 고려는 구요와 관련 있는 『구집력(九執曆)』을 역법으로 사용한다고 하였다.[134] 요(遼)나라의 한림학사였던 야율순(耶律純)은 984년 국경(地界)을 획정하기 위해 고려에 파견되었는데 이때 인간의 운명과 길흉을 알아보는 점술인 성명학(星命學)에 뛰어난 고려 국사에게 사사를 받고 요로 돌아가 『성명총괄(星命總括)』 3권을 저술하였다.[135] 십이지는 점성법에 이용되면서 탄생일시에 따라 자궁(子宮)·축궁(丑宮) 등의 '명궁(命宮)'으로 변용되는데, 『성명총괄』에는 '칠

---

132 11세기 후반 이후 왕이 직접 행차 하여 초제를 지냈으며 몽고의 침입이 있었던 고종 재위 연간 최씨 무신 정권 시기에 그 빈도가 가장 높았다.

133 『高麗史』卷2, 世家2, 光宗 光德 10年條. "秋 遣使如周, 進『別序孝經』一卷, 『越王孝經新義』八卷, 『皇靈孝經』一卷, 『孝經雌雄圖』三卷. 周遣左驍衛大將軍 戴交來"; 新五代史 권74 四夷 제3 高麗, "昭 進別敍孝經一卷 越王新義八卷 皇靈孝經一卷 孝經雌圖一卷 別敍 敍孔子所生及弟子事迹 越王新義 以越王爲問目 若今正義 皇靈述延年辟穀雌圖 載日食星變 皆不經之說."

134 『해동역사』 권17, 〈星曆志〉, 曆 참조.

135 장동익, 『宋代麗史資料集錄』(서울대학교출판부, 2001), 541쪽. 〈耶律純의 星命總括〉; 김수연, 『高麗時代 密敎史 硏究』, 이화여자대학교 박사학위논문(2011), 130쪽.

정사여', 즉 십일요와 관련한 십이지 명궁법에 따른 길흉을 다루고 있다.[136] 이는 경흥과 원효가 점성술과 관련된 서역 천문을 개념적으로나마 이해하고 있었던 7세기 후반보다 신앙과 학문적 측면에서 한층 더 진전된 현상으로 해석된다.

고려 시대 거행되었던 초제의 소문(疏文)에 따르면 구요당의 도관(道官)들은 도가(道家)의 규범에 따라 법단을 세우고 도경을 외우며 선관(仙館)인 구요당에서 제를 올렸다.〈표 7〉 1015년 송에 사신으로 갔던

〈표 7〉 구요당(九曜堂)과 십일요 초제(醮祭) 관련 사료

사료명		내용	비고
동국이상국집 제39권, 醮疏		十一曜消災道場兼設 醮禮文	구요당에서 천변이 그치기를 비는 십일요소재도량 겸 설초례문 도교 의식에 따라 제를 올리고 있음.
		十一曜消災道場文	성변이 그치기를 비는 십일요소재도량문
		十一曜二十八宿 醮禮文	점괘에 따라 재앙을 소재하기 위하여 십일요와 이십팔수에게 제사를 지냄. 도가의 규범에 따라 법단을 세움.
고 려 사	卷三十 世家 卷第三十	幸九曜堂, 醮十一曜.	1288년 충렬왕이 구요당에서 십일요 초제를 지냄
	卷五十三 志 卷第七	九曜堂十一曜藏內, 有聲如奏樂.	구요당의 십일요 복장에서 주악소리가 남
	卷八十三 志 卷第三十七 兵 三	九曜堂 散職將相二, 監門衛軍二.	궁궐을 지키는 관리와 같은 등급의 녹봉을 구요당 관리가 받음
	卷一百二十九 列傳 卷第四十 二, 叛逆	沆柵九曜堂于闕西, 及成, 王幸觀之.	최항이 몽고의 투항 권유에도 불구하고 항전을 고수하며 구요당을 지음

---

136 황도 십이궁과 십이지는 천구상에서 지구의 위치를 알려 주는 기준 지표로서의 기능이 동일하기 때문에 수·당대 이후 서로 습합하여 유사한 성격을 가지게 되었다.

곽원(郭元)은 '고려에 도사가 없다.'고 하였고 고려에서 도사가 집전하는 의례가 시작된 것은 1110년 송에서 고려로 도사를 보내온 이후이기 때문에[137] 구요당 설립 당시 거행된

도 26. 십일요전배명 청자접시, 고려, 국립 중앙 박물관.

의례가 도교 정통 방식에 따른 것은 아니었을 것이다. 구요당에 십일요가 있다는 기록과 '십일요의 복장에서 주악소리가 났다'는 기사를 통해서는 성신을 모신 전각에 십일요의 조상이 있었음을 짐작할 수 있으며, 청자로 만든 접시에 새겨진 〈십일요전배(十一曜前排)〉라는 명문에서는 12세기 이후 구요당에서 십일요를 모시고 의례를 진행하였음을 알 수 있다.(도 26) 한편 중국의 사례에서 구요는 10세기 후반에서 11세기 초 자기(紫炁)와 월패(月孛)가 더해진 십일요로 구성이 바뀌게 되기 때문에, 고려에서 구요당을 창건했을 당시에는 전각에 구요가 조성되었다가 11세기 이후 십일요가 조성되었을 가능성 역시 존재한다.[138]

도 27. 청자 인물형 주자, 고려, 높이 28cm 바닥지름 19.7cm, 국보 167호, 국립 중앙 박물관.

---

137 서긍(徐兢), 『고려도경』 권18, 道敎; 宋史(1) 卷487, 外國列傳 第 246.
138 정진희, 「중국 치성광여래 도상 고찰 II」, 『불교학보』 제63집, 2012, 381쪽.

국립 중앙 박물관에 소장된 청자 인물형 주자는 무릎을 꿇고 앉아 복숭아가 올려진 화반을 들고 있는 인물 형상의 주전자로 일반적으로는 도교의 선인을 표현한 것으로 알려져 있다. 두 손에 신선의 과일인 복숭아를 가진 모습으로 인해 이 인물상을 도교의 여성신인 서왕모(西王母)로 보기도 한다. 더불어 해당 주자가 오행의 금생수(金生水) 사상에 따른 물과 관련된 기형(器形)이라는 것과, 머리 장식이 봉황의 모습을 하고 있다는 사실을 근거로 보았을 때 이 인물은 구요 가운데 금요를 형상화하였을 가능성도 있다.(도 27)

시냇물 잔잔하고 돌길 비탈진 곳에	溪水潺潺石逕斜
적막한 것이 도인이 사는 집과 같구나	寂廖誰似道人家
뜰 앞에 누운 나무는 봄인데 잎이 없고	庭前臥樹春無葉
하루 종일 산벌만이 풀과 꽃을 찾아 목을 매네	盡日山蜂咽草花
꿈에서 깨어 보니 빈 창틀에 달이 반쯤 기울었고	夢破虛窓月半斜
숲 저편에 쇠북 소리로 승려들이 머무는 집이 있음을 알겠구나	
	隔林鐘鼓認僧家
무단히 새벽녘 바람이 고약하게 불어대니	無端五夜東風惡
남쪽 골짜기에 아침이 되면 꽃잎이 떨어져 있겠구나	
	南澗朝來幾片花

위의 시는 이제현이 쓴 시 〈구요당(九曜堂)〉이다. 고요한 숲속에서 종소리가 나자 중의 집인 줄 알았다는 대목에서 구요당은 사찰과 같이 의례에 종을 사용하고 있었음을 알 수 있다.[139] 이제현은 구요당을 도인이 사는 집이라 하였다가 다시 승려의 집이라 하면서 정확한 종교상의 구분 없이 표현하였다. 『조선왕조실록(朝鮮王朝實錄)』, 『신증동국여지

---

139 이제현, 『益齋集』, 「익재난고」 제1권, 詩, 〈구요당〉, "…隔林鐘鼓認僧家" 참조

승람(新增東國輿地勝覽)』과 『여지도서(輿地圖書)』 등에서 구요당은 성신에게 초제를 지냈던 곳으로 나와 있어 일반적으로 도교의 전각으로 추정되고 있다.[140] 그러나 고려에서 성변과 관련된 소재도량은 도불 양교에서 모두 거행되고 있었다. 일반적으로 구요는 불교에서, 십일요는 도교에서 신행되는 것으로 구분하지만 중국의 예를 보면 도불의 사원에 구요라는 이름을 가진 전각들이 각각 존재하고 있다. 도교 전각에도 구요상이 봉안되고, 불교 사찰에도 십일요를 모신 예가 있어 구요와 관련한 신앙은 도불의 구분이 뚜렷하지 않으며 이는 불교 도상에서도 보이는 현상이다.[141]

구요와 제석, 신중이 모두 불법을 지키는 호법신중과 같은 성격을 가지고 있으며 구요당이 창건되었을 때 외제석원과 신중원을 함께 건립했던 것을 고려해 보면 구요당이 불교적인 성격의 전각이었을 가능성도 배제할 수 없다.[142] 때문에 고려에서 신행되었던 구요는 도불 습합

---

140 『朝鮮王朝實錄』 태조 2권, 1년, "禮曹啓: "道家星宿之醮, 貴於簡嚴, 盡誠敬而不瀆. 前朝多置醮所, 瀆而不專. 乞只置昭格殿一所, 務要淸潔, 以專誠敬. 其福源宮, 神格殿, 九曜堂, 燒錢色, 太淸觀, 淸溪拜星所等處, 一皆革去" 上從之";『新增東國輿地勝覽』第5권 개성부 하(開城府下),『輿地圖書』, 補遺篇(京兆, 松都, 水原), 松都舊誌序.: 김철웅, 「고려 道敎의 殿·色·所」,『사학연구』 제108호, 2012, 74쪽;「조선전기의 참성초례」,『도교문화연구』 28, 2008.4, 278쪽. 강화 천도 이전 초례는 복원궁·궁궐·구요당 등에서 열렸으나 천도 이후에는 주로 구요당에서 열렸다.

141 10세기 중반 불교 사찰에는 구요 전각이 있었으며[〈西京 天宮寺 義莊傳〉,「宋高僧傳」, 卷 第二十八,『大正藏』 50, No. 2061; 북송의 화가 (王靄)는 경덕사(景德寺) 구요원(九曜院)에 벽화를 그렸다] 11세기 중반에는 도사가 신도의 시주를 얻어 구요상이 안치된 구요각(九曜閣)을 건립하였다. 허호구 저, 신용호 譯,「大中祥符觀新修九曜閣記」,『唐宋八代家門鈔』 왕안석1, 전통문화연구회, 2010, 383-384쪽 참조.

142 서윤길, 앞의 책(1994), 127-130쪽;「高麗의 帝釋信仰」,『佛敎學報』 15(1978), 79-10쪽 참조

적인 성격을 띠고 있었을 것으로 추정된다. 13세기가 되면 구요의 영향은 제석천, 칠성과 더불어 무속의 기복 영성(靈星) 신앙으로까지 확대되는 경향을 보인다.[143]

2) 소재도량 – 정갈처에 법단을 세워 성신에게 무탈을 기원하다

고려는 정부 차원에서 성신에 대한 기원과 경외를 아끼지 않았다. 왕실에서는 임금의 본명일에 왕궁에서 초례를 올렸고, 사찰에서는 개인의 생일에 불축수재(佛祝壽齋)를 지냈으며 국가적으로는 소재도량이라는 불교 의례를 개최하여 천변에 대한 소재 기도를 행하였다. 이 가운데 가장 큰 규모로 거행되었던 소재도량은 고려에서 치성광여래 신앙의 본격적인 전개를 의미하는 분명한 단초이다.

1348년에 조성된 경천사지 십층 석탑의 3층 남면에 새겨진 소재회(消災會)에는 소가 끄는 수레에 올려진 연화에 앉아 금륜을 든 치성광여래가 조각되어 있어 소재회상의 주존이 치성광여래임을 알 수 있다. (도 28) 이 사실은 일본 서래사(西來寺)에 소장된 조선 전기 〈육불회도(六佛會圖)〉의 치성광여래삼존 옆 방기에 '소재회(消災會)'라고 쓰인 것에서도 확인된다.[144]

고려 문종은 1046년 5월에 즉위하여 10월에 소재도량을 개최하였다. 〈치성광요법〉은 중국과 일본에서 황제의 본명성초로 거행되었기 때문에 고려의 정전(正殿)인 회경전(會慶殿)에서 왕이 개최한 최초의 소

---

143 『동국이상국전집』 권2, 고율시, 〈老巫篇〉 "… 丹靑滿壁畫神像 七元九曜以標額(온 벽에다 붉고 푸른 귀신 형상을 그리고, 칠원 구요로 표액하였지만)…"

144 일본 서래사에 소장된 〈육불회도〉의 화기에는 금륜을 든 치성광여래와 소재보살, 식재보살삼존을 그리고 '소재회(消災會)'로 기록하고 있다. 육불회도와 소재회도상은 이후 도상 고찰 부분에서 살펴보고자 한다.

도 28. 소재회(消災會), 경천사지 십층 석탑 3층 남면, 1348년, 국립 중앙 박물관.

재도량 역시 임금의 본명성초를 목적으로 거행되었을 가능성이 있다.[145] 북두칠성 본명 신앙에 의하면 북두의 여섯 번째 별인 북극 무곡성(北極 武曲星)은 뱀과 양띠인 사람들의 본명을 다스리는 별이다. 때문에 양띠인 문종의 북두 본명성초를 위해 북극성인 치성광여래에게 기도를 드리는 소재법식을 개최했을 가능성도 배제할 수 없다.[146] 하지만 소재도량이 개최된 10월 10일은 병진(丙辰)일로 계미(癸未)년 출생인 문종의 본명일이 아니었고, 문종 재위 37년간 거행된 7번의 소재도량 개최일 역시 문종의 본명일 간지와 달라 왕의 본명을 위한 도량은 아니었

---

145 김수연, 앞의 논문(2013), 167쪽. 문종대 소재도량이 처음 개설된 이유를 점성학의 발달과 문종 개인의 관심으로 보았다.

146 제6성은 개양성(開陽星) 또는 연년무곡성(延年武曲星)이라고 하는데, 자미궁의 방어를 책임지는 별로서 북두칠성 중 힘이 가장 강력하다. 북두칠성이 개인의 본명성을 관장한다는 〈북두칠성연명경〉의 본명 신앙은 개인의 출생년도에 해당하는 십이간지 즉 띠가 속하는 북두칠성에 기도를 하여 구복과 소재를 기원하는 것이다.

음을 알 수 있다.

고려 시대 소재도량은 천변이나 성변을 소멸하기 위하여 개설되었던 예가 가장 많고 처음 개설되었던 소재도량의 목적도 천변기양(天變祈禳)일 가능성을 생각할 수 있지만, 1046년 10월 초에는 성변이나 천재지변도 없었다.[147] 문종 19년(1065년) 목성과 화성이 궤도를 이탈했을 때는 소재도량이 아닌 도교식 초제를 두 번 구정(毬庭)에서 지내며 천변기양을 하였다. 기록상 천변소재도량은 12세기 초에야 처음 나타나므로,[148] 1056년의 소재도량은 왕의 본명성초도, 천변기양이나 천재지변에 대한 소재를 위하여 개설된 것도 아니었다는 결론을 내릴 수 있다.

현재로서는 최초의 소재도량을 개설했던 분명한 목적을 기록에서 찾을 수는 없다. 문종은 29세의 비교적 이른 나이에 요절한 정종(1018-1046)과 같은 운명을 피하기 위한 연수기원(延壽祈願)을 위해 소재도량을 개설했을 수도 있다. 혹은 1046년 문종의 즉위 당시 슬하에 자녀가 없었다는 것을 염두에 두면 왕실의 번창을 위해 왕자가 태어나기를 기원하는 도량이었을 가능성도 있다. 최초의 소재도량 개설 목적이 뚜렷하지 않은 까닭은 소재도량에 대한 정확한 개념이 확립되기 이전인 개설 초기의 혼돈으로 이해된다. 이후의 소재도량들은 주로 천변이나 병화(兵禍) 등을 극복하기 위한 뚜렷한 목적을 갖고 개설되었다.

중국과 일본에서 〈치성광법식〉이 본명성을 위한 소재법식으로 전개되는 양상을 보이는 것에 비해 고려에서 〈치성광법식〉으로 행해졌던

---

147 『고려사』지 권제1, 천문1; 세가권 15, 인종 4년 6월 9일. 1126년 6월 7일 금성과 목성이 궤도를 이탈하자 이튿날 천복전에서 소재도량을 개최하였다;『고려사』志, 天文2, 月五星凌犯及星變, 명종. "辛巳 犯太微東蕃上相, 太史請, "光岩寺·大觀殿·內殿三處, 設消灾道場, 以禳之".

148 『고려사』志, 禮5, 길례소사, 잡사. "八月戊子朔 歲星·熒惑失度, 設醮毬庭, 以禳之".

소재도량의 주된 목적은 천변을 피하고 기우를 바라는 것과 같은 국가적·공적 차원이었다. 조선 시대 상소문에 소재도량은 '어떤 변괴이든지 불사를 행하는데 이를 소재도량이라고 한다.'라 하였을 만큼 빈번히 개설된 불교 의례였다.[149] 소재도량은 고려 말까지 궁궐과 사찰 등에서 총 157회 개설되었는데 도량소에 의하면 국익을 위하여 성변이나 천재지변에 의한 재앙을 소재할 목적으로 거행된 예가 가장 많았다.〈표 8〉

소재도량에서 사용되었던 경전은 치성광여래 신앙의 소의경전(所依經典)이라고 할 수 있는 『불설치성광대위덕소재길상다라니경(佛說熾盛光大威德消災吉祥陀羅尼經)』이며, 주력(呪力)으로 외웠던 신묘한 다라니는 〈치성광다라니경〉에 나오는 소재길상주(消災吉祥呪)를 말한다. 왕궁과 사찰에서 개설된 소재도량은 승려가 집전하여 법회를 진행하였다.[150] 소재도량은 우선 청정한 경계를 치기 위하여 사방에 향료를 땅에 뿌려 밀단(密壇)을 만들고, 5일 또는 7일간 위덕전륜왕(威德轉輪王) 즉 치성광여래에게 기원하며 소재의 다라니를 외우는 의식을 행하는 정통 밀교 의례였다.

치성광소재다라니를 외우는 소재도량이 법식으로 개최될 수 있었던 배경으로 자운준식(慈雲遵式)[151]의 「치성광도량염송의(熾盛光道場念誦儀)」

---

149 『세종실록』 권23, 세종 6년, 3월 21일. "불교의 개혁에 관한 예문 봉교 양봉래 등의 상소문" 참조.
150 사찰에서는 물론이요 궁궐에서 법석을 개설할 때도 승려들에 의해 법회를 진행하였다. 동문선 14권, 김양경, 〈선경전도장음찬시응제(宣慶殿道場音讚詩應製)〉 참조.
151 천태종의 전통은 예법 규정 하에서 통합 정리되어 의식화된 참법과 삼매수참(期懺)으로 전래되었다. 자운준식(慈雲遵式, 964-1032)은 단독으로 10종의 의례집을 저술한 송대의 대표적인 천태승려로서 그의 예참법이 천태종의 전통을 따르고 있기 때문에 「치성광도량염송의」 또한 천태종 전통의 예참법과 유사한 형식을 보이는 것으로 추정된다(다니엘 B. 스티븐슨 앞의 논문, 참조)

〈표 8〉 소재도량(消災道場) 관련 사료

사료명			내용	비고
고려사	1	卷七 世家 卷 第七	丙辰 設消災道場於會慶殿	1046년 음력 10월 10일 회경전에서 소재도량을 개설함
	2	卷十四 世家 卷第十四	設消灾道場於賞春亭及日月· 王輪·高峯·極樂寺	1128년 왕륜, 고봉, 극락사 등에서 소재도량을 개설함
	3	卷十七 世家 卷第十七	以王妃任氏有疾, 設消灾道場於大觀殿	왕비의 쾌차를 위한 소재도량을 개설함
고려사절요	4	제9권 仁宗 恭孝大王 一	북두성에 별꼬리가 나타나 건덕전에서 5일간 소재도량을 개설함	성변과 관련하여 소재도량을 개설함
	5	제13권 明宗 光孝大王二	鎭星犯歲, 太史奏, 恐有內亂, 請於光嵒摠持兩寺, 設佛頂消灾道場, 又於明仁殿, 講仁王經, 以禳之	성변으로 인한 내란을 소재하기 위해 광암사와 총지사에 불정소재도량을 설치함
	6	제20권 忠烈王二	오윤부가 천변(天變)이 무섭다 말하며 소재도량 설치를 청함	불법(佛法)으로 천변 소재를 시도함
동국이상국집	7	제18권 古律詩	왕명에 응하여 《대장경 (大藏經)》과 소재도량을 음찬(音讚)하는 시(詩)	천문(天文)이 어긋남을 소재함, 교령륜(敎令輪)·부거궁(淨居宮)·위광 (威光) 등 〈치성광다라니경〉 관련 단어가 사용됨
	8	제40권 釋道·疏·祭祝	재변의 소멸을 비는 도량소	예상되는 환란이 부처님의 힘을 빌어 미리 소멸할 것을 확신함
복재선생집	9	下, 佛道疏 정총 (1358년-1397년)	天變地怪消災道場疏	金輪吉祥之祝 성변과 관련된 소재도량을 개설함
			土星入軒轅中消災道場疏	佛說祕典
동사강목	10	제9권 하	1179년 안개, 1186년 토성이 목성을 범함	천재지변 및 성변 관련
	11	제10권 하	하늘의 재변을 방지하는 방법으로 소재도량을 개설함	1283년
동문선	12	제14권 七言律詩	禳星變消災道場應教, 최자(1188년-1260년)	임금의 교지로 소재도량을 개설함
			中例消災道場音讚詩, 김구(1219년-1278년)	當緣呪力旋消殘/熾盛光中忝瑞氣

13	제78권 記	水原萬義寺祝上華嚴法會衆 目記, 권근(1352년-1409년)	승려의 주도로 소재도량을 개설함
14	제110권 疏	消災道場疏, 김부식 (1075년-1151년)	재앙이 닥치는 고비를 예방하고자 불문에 의탁함
		消災道場疏, 이규보 (1168년-1241년)	천변으로 인해 소재도량을 개설함, 밀교 경문, '여섯 개의 팔'이라는 표현이 등장함
15	제111권 疏	消災法席疏, 이첨 (1345년-1405년)	威德輪王, 吉祥神呪
		星變消除疏, 석식영암 (13세기말-14세기초)	熾盛光, 吉祥呪
16	제112권 疏	祝大駕消災仁王千手智論四 種法席疏, 석복암 (1226년-1292년)	성변과 상관 없이 임금의 소재길상을 바라는 목적으로 다라니를 외움
17	제113권 疏	洛山寺行消災法席疏, 변계량(1369년-1430년)	천재지변과 기이한 현상에 의한 악운을 소재하기 위한 법석을 개설함

가 찬술되어 의식집에 따라 의례를 집행할 수 있는 환경이 마련된 것을 들 수 있다.[152] 중국에서 이 경전이 찬술되기 이전부터 법식을 전수받은 승려에 의해 소재법식이 거행된 예가 없지 않으나 불교 의례집에 따라 정통 예불 방식으로 법식이 진행된 것은 11세기 초 염불과 의례를 조화시킨 자운준식의 경전이 찬술된 이후로 보는 것이 타당할 것이다. 이 무렵은 고려와 송을 오가는 사행무역이 가장 활발하였고 요(遼)와도 정

---

152 의천은 고려에서 천태종을 부흥시킨 승려였고 그가 만든 장경 목록인『신편제종교장총록(新編諸宗敎藏總錄)』에는 자운준식이 찬한 참법과 관련한 내용이 많이 보인다. 이 때문에 그 당시「치성광도량염송의」도 고려에 전래되었을 가능성이 있다; 김수연, 앞의 논문(2013), 129쪽. 교장총록에 자운준식의 저술이 다수 수록되었음에도 불구하고「치성광도장념송의」가 보이지 않는 이유를 당시에는 이 경전이 전래되지 않았기 때문으로 해석하고 있다.

식 외교관계를 유지하고 있었기 때문에 고려로 소재법식과 관련된 의궤집이 전해졌을 가능성이 크다.[153]

소재도량은 왕이 강연을 수일 동안 폐하고 법회를 개설할 정도로 고려 왕실에서 주요한 재난 예방 법식으로 인식되고 있었다.[154] 법회가 개설되었던 장소는 대부분 왕궁의 전각이지만 개경에 북신(北辰)과 칠요에게 왕이 기도를 올리던 제성단(祭星壇)이 있다는 기록으로 보아 야외 성단을 의식 장소로 이용하였을 가능성도 있으며 1290년 이후로는 외제석원(外院)에서 주로 개설되었다.[155] 법회의 목적은 대부분이 천변과 별의 궤도 이탈로 생길 재앙을 미연에 방지하는 예방적인 차원의 목적으로, 풍년을 바라며 우순풍조(雨順風調)를 기원하거나 병란을 염려하여 국태민안을 염원하는 목적으로 개설되기도 하였다. 병환의 완쾌와 수명을 연장해주는 목적으로 개설된 예도 있기는 하지만 이는 극히 드문 예이고 대부분이 국가의 안녕을 위한 목적으로 개설되었다.[156] 왕실

---

153 최영호, 「고려시대 송나라 해상 무역상인의 활동 시기와 양상」, 『인간과 문화연구』 16, 2010.6, 32-33쪽. 송나라 상인들은 고려와 외교가 중단되었던 시기에도 꾸준히 무역 행위를 하고 있었으며 11세기 초반인 현종과 문종대에 가장 활발히 왕래하였다. 이 시기에는 멀리 대식국의 상인까지 고려에서 활동하고 있었으며, 송 상인들은 물품 교역뿐만 아니라 불교 경판·경전 등 불교 문화의 교류에도 관계하였다.

154 『목은시고』 제16권, 시, 〈소재법석으로 인하여 강을 중단하다〉

155 『매월당집(梅月堂集)』 권9, 시, 〈遊關西錄〉, 祭星壇. '古壇草沒石崚峋.云是麗王禮北辰.七曜收芒還紫府.空餘紅杏笑青春'.

156 『동문선』 권110, 이규보의 소재도량소 참조; 소재도량은 재난 예방 차원에서 개설되는 법식이었으나 이 시기의 도량 개설은 예방보다는 현실의 난세를 극복하기 위한 현세구복적인 성격을 보인다. 특히 몽고군에 대항하였던 고종(高宗)과 원종(元宗) 재위 기간에 개설 빈도가 높았는데 이는 항몽전쟁 당시의 도량 개설 목적이 병란이 없어지고 국가가 평안하기를 바라는 호국의 염원에 의한 것이었음을 짐작하게 한다. 고종대 최씨 정권 시기 왕의 구요당 행차가 집중된 것도

에서 주도하여 개설한 도량 이외에도 승려가 직접 재산을 내어 법회를 열었던 기록도 있어 교단 차원의 소재도량도 존재했음이 확인된다.[157]

고려 시대 소재법회가 행해졌던 사찰은 일월사(日月寺)·왕륜사(王輪寺)·고봉사(高峯寺)·극락사(極樂寺)·광암사(光岩寺)·총지사(摠持寺)·만의사(萬儀寺)·낙산사(落山寺)·봉선사(奉先寺) 등이다. 개성에 있었던 광암사는 정릉(正陵; 노국대장공주)의 능침 사찰로 그녀의 영전(影殿)이 있었으며 조선 시대에도 성변에 의한 소재법석이 열리기도 하였다. 13세기 낙산사 주지 조유(祖猷)가 다라니를 외워서 병자를 구활하였다는 사실에서는 낙산사가 총지사와 더불어 총지종 관련의 사찰이었음을 알 수 있다.[158] 봉선사의 경우 소재 의례를 위한 전각인 소재전(消災殿)이 있었고 죽장사와 사천왕사의 성초제단(星醮祭壇)과 같이 여러 사찰에 영성에 제사를 드리는 성단이 있었다.

3) 고려 사람들의 본명 직성(本命直星) 신앙

고려에서 불교의 본명신앙이라 할 수 있는 치성광여래 신앙은 국가적 차원의 소재도량과 더불어 개인적 차원의 소재기양, 연수구복을 기원하는 불축수재(佛祝壽齋)로 전개되는 양상을 보인다.[159] 1046년 문종은 생일인 12월 1일 성평절(成平節)에 선정전(宣政殿)에서 측근의 신하

소재법식과 같이 호국염원의 맥락으로 보아야 할 것이다.

157 『동문선』 권79, 〈水原萬義寺祝上華嚴法會衆目記〉 및 권112, 〈祝大駕消災仁王千手智論四種法席疏〉.

158 『동문선』 권27 제고 〈持念業禪師祖猷爲大禪師敎書〉; 전동석, 앞의 논문(1995), 56쪽.

159 1143년 6월 개설된 소재도량의 목적은 천변이나 기우와 관련된 것이 아니라 왕비의 쾌차를 위한 것으로 소재도량도 연수와 구병의 목적으로 신행된 경우가 있음을 보여주지만 있지만 이는 드문 예이다. 『고려사』 세가 권제17, 인종 21년, 6월. "戊子 以王妃任氏有疾, 設消災道場於大觀殿五日" 참조.

들과 잔치를 베풀었다. 승록사(僧錄司; 불교에 관한 여러 가지 사무를 처리하는 중앙관청)가 "지금부터 매번 절일이 되면 국가에서는 7일간 외제석원에서 기복도량을 열고, 백관은 흥국사에서, 동경·서경의 양경과 4도호·8목은 소재지의 절에서 거행하게 하여 이로써 항구한 법식으로 삼으십시오."라 하자 이를 따라 이후 매년 왕의 생일이 되면 전국의 사찰에서 왕의 장수와 무해를 기원하는 의례를 시행하였다.[160] 동양권에서 생일을 기념하기 시작한 것은 당대(唐代)부터로, 이후 송대(宋代)에서도 성행하게 된다. 고려에서는 982년 왕의 생일을 천추절(千春節)이라 하였다는 기록에서 처음 나타나고 있으며 절일(節日)의 이름은 이로부터 시작되었다.[161]

왕의 불교 축수재는 만년장수의 기대를 부처님의 공덕에 의지하는 사찰 의례로서 불경으로 강연을 하고 반승(飯僧)으로 의례를 대신하기도 하였으며 그 규모가 상당하였다.[162] 고려 왕실의 불축수재 목적은 왕의 연수와 구복으로 이는 고대로부터 성신에게 연명도액을 기원하는 것과 그 목적이 같으며 도교와 불교에서 북두칠성에게 올리는 본명성

---

160 『고려사절요』 권4, 十二月. 百官詣乾德殿, 賀成平節. 宴宰樞給舍中丞以上侍臣于宣政殿. 成平節王之生日也. 僧錄司奏, "自今, 每遇節日, 國家設祈福道場於外帝釋院七日, 百官於興國寺, 東西兩京四都護八牧於所在佛寺行之, 以爲恒式." 從之; 1012년 현종이 왕의 생일에 축수도량을 설치하는 것을 법식으로 삼았지만 이는 사찰에서 지내던 축수재는 아니었다.

161 이길표, 『전통가례』, 한국문화재보호재단, 2000, 71쪽; 『고려사』 세가 권제3, 성종 원년, 6월; 고려왕의 생일은 경운절·천추절·장령절·천원절·대원절·함녕절·경용절·하청절·건흥절·함성절·수성절·수원절 등으로 기록되어 있다.

162 『동문선』 권110, 疏, "天成節祝壽齋疏"; 『고려사절요』 제26권, 공민왕 1. "재상들이 왕에게 수연(壽宴)을 베풀고자 하였더니, 왕이 이르기를, "잔치하면 반드시 살생을 하게 되니, 그 잔치의 비용으로 중 일천 명을 지장사(地藏寺)에서 밥 먹이도록 하라."고 하였다. 왕이 불교를 믿기 시작하니 백관들이 모두 왕을 위해 축수재(祝壽齋)를 베풀었다.

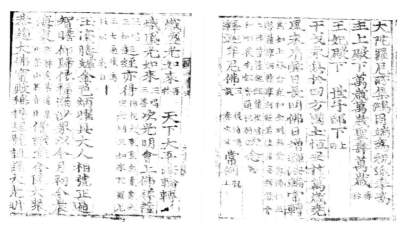

도 29. 『영산대회작법절차(靈山大會作法節次)』(1634년) 〈삼전축수(三殿祝壽)〉.
국립 중앙 도서관.

초(本命星醮)와 그 성격이 유사하다. 철원 용복사(龍腹寺)에서 간행한 『영산대회작법절차(靈山大會作法節次)』(1634년)의 〈별축상작법절차(別祝上作法節次)〉에서 왕과 왕비, 세자의 연수와 복록을 기원하는 〈삼전축수문〉에 모셔지는 부처(請佛)에는 광명회상불보살(光明會上佛菩薩)과 함께 천하태평법륜전으로서 치성광여래가 있다.[163](도 29) 불축수문에 치성광여래가 호불되는 현상은 조선 후기 『작법귀감』의 〈원불축수〉에서도 나타나고 있으며 수륙재의 축수문에서도 청불 대상으로서 치성광여래가 언급되어 있다.[164]

---

163 원(元)대 1287년에 간행된 『고봉룡천원인사집현어록(高峰龍泉院因師集賢語錄)』의 〈천추세(千秋歲)〉에도 석가모니와 정광불, 치성광여래에게 연수를 기원하고 있어 치성광여래 신앙이 수명장수와 관련을 보이고 있다.

164 『天地冥陽水陸齋儀梵音刪補集』 中卷, "願佛祝壽 (無量壽佛) 主上殿下壽萬歲(衆和)無量壽佛 (藥師如來) 王妃殿下壽齊年(衆和)藥師如來 (釋迦如來) 世子邸下壽千秋(衆和)釋迦如來 (消災障菩薩) 干戈息靜國民安(衆和)消災障菩薩 (熾盛光如來) 天下太平法輪

고려에서 축수재는 고려의 임금뿐만 아니라 송나라 황제의 생일에
도 거행되었다. 시주자는 왕실, 관료를 비롯하여 일본 상인도 포함되어
있어 인적 다양성을 보인다. 1342년 등촉배(燈燭輩)가 신효사(神孝寺)에
서 향도(香徒)를 맺어 축수재를 올렸던 사실에서 민간 차원의 불축수재
도 사찰에서 개설되고 있었음을 알 수 있다.[165] 불축수재와 더불어 개인
의 연수와 구복을 기원하는 목적으로 〈치성광다라니경〉을 간행 보시하
는 불사도 시행되었다. 정우(貞祐) 4년(1216, 丙子年) 8월 간행된 「불설
치성광대위덕금륜왕소재길상다라니경(佛說熾盛光大威德金輪王消災吉祥
陀羅尼經)」은 김숙룡(金叔龍)이 국왕과 진강공 최충헌(晉康公 崔忠獻)의
수복무강을 기원하기 위해 간행한 경전이다. 경전의 끝부분에는 구요
와 그에 해당하는 다라니를 도표로 기록하였고, 시주질(施主秩)에 숙룡
이라는 시주자의 이름과 함께 왕실의 성수와 진강공 최충헌의 복수무
량을 발원하고 있다.(도 30) 불경을 개인이 시주해 간행한 까닭은 그해
8월 중순에 있었던 거란의 고려 침공 사실을 감안할 때 외침 극복을
위한 것으로 생각될 수도 있다. 하지만 시주자인 김숙룡의 근무지였던
경상 지역은 거란의 침입이 없었으며 경판이 제작되는 기간을 고려한
다면 이는 적절한 해답이 될 수 없다. 따라서 이 경전은 최충헌의 환심
을 얻기 위해 그의 무병장수를 기원하며 보시된 것으로 보인다. 수복강
녕을 기원하는 이 경전 발원문의 내용은 치성광여래 신앙이 국가적 차
원의 천변·성변에 의한 재앙을 소멸시키는 것 외에도 개인적인 연수와
구복의 기원과도 관련이 있음을 알게 해준다.

불교 사찰에서 신행되었던 또 하나의 본명 신앙은 북두칠성과 관련

轉(衆和)熾盛光如來"

165 『고려사』 세가 권제36, 충혜왕(후) 3년, "甲寅 幸神孝寺. 燈燭輩結香徒, 設祝壽齋於
是寺, 王押座齋筵".

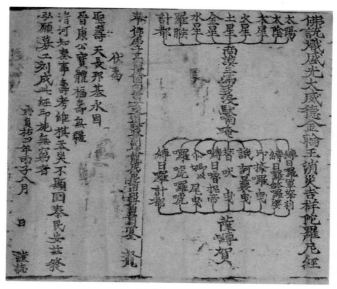

도 30. 〈치성광다라니경〉경미(經尾) 부분, 1216년.
대구 동대사(東大寺) 소장. 대구시 유형문화재 63호(사진촬영: 김미경).

된 북두 본명 신앙이다. 당대 밀교 성수 신앙은 치성광여래를 중심으로
하는 순밀계와 북두칠성을 중심으로 도교의 영향이 짙게 반영된 잡밀
계의 두 가지 형태로 신행되었다.[166] 13세기 초가 되면 불교에서도 북
두에 연명도액을 발원하는 도량이 개설되어 불교에서 장수와 복을 기
원하는 성신은 외래에서 유입된 치성광여래와 북두칠성으로 중복되는
양상을 보인다.[167] 고려대장경 목록에 치성광여래 신앙을 설한 『불설대

---

166 武田和昭, 앞의 책(2005), 85쪽.

167 『동국이상국집』권39, 〈나라에서 북두에 연명도액하기를 기원하는 도량문〉. 이
도량문은 이규보가 한림원에 있었던 1210년 무렵에 지은 것이다. 『작법귀감』에
서 북두칠성은 〈보통축원(普通祝願)〉의 기원 대상으로 포함되어 있으며 일본 고
려 미술관에 소장된 『소미타참문(小彌陀懺文)』(16세기 말-17세기 초)에 소개된

위덕금륜불정치성광여래소제일절재난다라니경(佛說大威德金輪佛頂熾盛
光如來消除一切災難陀羅尼經)』은 있으나 북두칠성 본명신앙을 다룬『불
설북두칠성연명경(佛說北斗七星延命經; 이후 「연명경」으로 표기)』은 보
이지 않는 것으로 보아 고려 불교 성수 신앙의 주류는 치성광여래를
중심으로 전개된 것으로 생각된다.

후진(後晉)의 『회력(繪曆)』에는 북두칠성 별자리와 함께 시녀를 거
느린 경상형(卿相形) 인물에게 기도하는 인물이 그려져 있다.[168](도 31)
그림 오른편의 화기(畵記)에 의하면 경상형의 인물은 북두칠성을 관장
하는 북두성군(北斗星君)으로, 선경(仙經)에 의거하여 매일 밤 북두에게
예를 표하면 장명소재(長命消災)한다.[169] 북두성군 아래에 그려진 상투
를 올린 인물과 구름 위의 원숭이는 원숭이해(辛年)에 태어난 인물과
그의 본명원신을 나타내는 모티프(猴相)다. 그림의 전반적인 맥락은 북
두칠성이 본명을 제어한다는 『불설북두칠성연명경』의 내용을 도해한
것이며 소재 방법은 『범천화라구요』의 〈북두법〉과 유사하다. 본명에
따라 구요에게 기도하는 구요 소재법식이 〈북두법〉이란 이름으로 변용

예불 의식 가운데에도 〈보통축문〉이 수록되어 있다(한국사 데이터베이스, 해외
사료총서 15권, 일본소재 한국사 자료 조사보고 3).

168 조복(朝服)차림에 홀(笏)을 지물로 가지고 관모(冠帽)를 쓰고 있는 인물 형태는
공경대부의 모습과 유사하며, 〈범천화라구요〉에 그와 같은 목요의 형태를 '기
신형여경상(其神形如卿相)'이라고 한 표현에 의거하여 이와 같은 모습의 인물을
경상(卿相)으로 지칭하고자 한다.

169 화면에는 "북두에게 예를 올리는 갈선공(葛仙公)의 방법, 옛날 선공은 매일 밤
성심을 다해 북두에게 예를 올렸는데 이로서 그의 삶은 연장되고 재산의 증식
을 가져왔다. 정(鄭)씨는 북관(北官)에게 예를 올려 장수를 얻고 도검의 위해로
부터 벗어나게 되었다."라고 쓰여 있다; 〈회력〉은 924년경 제작된 삽화가 그려
진 달력으로 오렐 스타인(Aurel Stein, 1862년-1943년)이 돈황에서 가져온 것이
다; 우주옥, 「高麗時代 線刻佛像鏡과 密敎儀式」, 『美術史學』 24, 2010, 18-19쪽.

되고 있었다는 사실은 북두칠성 신앙이 인도의 성수 신앙을 차용하여 변화해 갔음을 뜻한다.

한국에서 북두칠성 신앙은 고대로부터 전해 내려오던 뿌리 깊은 신앙이며 특히 불교와 도교에서 북두칠성은 개인의 수요 장단(壽夭長短)과 길흉화복을 주관하는 대표적인 성신이다. 968년 왕사였던 혜거(惠居)국사는 칠곡 도덕암(道德庵)을 중수하면서 절의 이름을 '칠성암(七星庵)'이라 개명하였는데 이는 10세기 중후반까지 불교 성수 신앙에서 북두칠성이 그 존재감을 드러내고 있었음을 알려 준다.[170] 구요 신앙에 기원을 두고 있는 치성광여래 신앙에는 북두칠성이 포함되지 않지만 도불 양교에는 각각 북두칠성 신앙이 존재하고 그 의미 또한 중대하다.

도경인 『태상현령북두본명연생진경(太上玄靈北斗本命延生眞經; 이후 「연생경」)』과 불경인 『북두칠성호마법』, 『연명경』에 의하면 '북두칠성 일곱 별을 지극한 마음으로 받들면 재액에서 벗어나고 수명을 연장

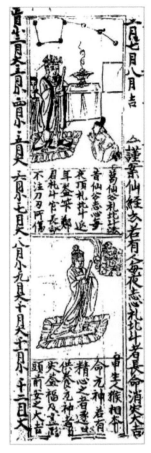

도 31. 회력(繪曆), 924년
(출처: 우주옥, 「高麗時代 線刻佛 像鏡과 密敎儀式」, 『美術史學』 24)

---

170 칠곡 도덕암 중수기 참조; 『復齋先生集下』, 祭文, 北斗醮祭文; 『동문선』 권115, 청사, 北斗靑詞; 김철웅, 「조선초의 道敎와 醮禮」, 『한국사상사학』 19, 2002, 108-109쪽 참조.

할 수 있다.' 하였다. 도불 양교에서 쓰이는 북두칠성의 별 이름 또한 빈심(貪心)을 의미하는 빈랑성(貪狼星), 복록을 의미하는 녹존성(祿存星)과 같이 소재와 기복적인 뜻을 내포하고 있다.[171] 북두칠성 각각이 인간의 수명과 복록을 주재한다는 본명성 개념 역시 도불 양교에서 동일하게 전개되는 양상이 나타나지만 특히 도교에서 더 존숭되는 특징을 보인다.[172] 북극자미대제(北極紫微大帝) 밑으로 북두성군을 비롯하여 동두·서두·남두·중두까지 도교에서 북두칠성신의 범위가 분파 확대되고 있다.

불교에서 북두 본명 신앙을 다룬 경전은 당대(唐代) 집중적으로 나타난다. 신앙의 유행과 교리의 확대로 인해 『연명경』에서는 북두칠성 각각의 별이 칠성여래로 변화하는 현상이 나타난다. 칠성과 관련된 장생불사와 구병연수의 기능으로 인해 칠성여래의 불명은 약사칠불의 명호와 유사함을 보인다.[173] 칠성은 출생년에 따라 십이지 각각에 해당하는 인간의 운명을 다스리는 일월오성의 정령과 동일시되는 존재로 발전해 갔는데, 이는 구요 점성법에서 구요가 십이궁신을 다스리는 것과 동일한 형태로 북두칠성 신앙이 구요 신앙을 흡수하여 연동·발전한 결과이다. 한 걸음 더 나아가 북두칠성 신앙은 개인의 본명성을 칠성이 보호하는 사상으로 확대 해석되어 치성광여래와 동질의 신성을 보이게

---

171 북두칠성과 삼태육성의 점성 사상을 나타낸 『연생경』에 실린 북두주(北斗呪)는 칠성신주(七星神呪)라고도 불리는데 이 주문에서 이들과 함께 등장하는 신성은 옥황상제와 북극의 자미제군이다.

172 김일권, 앞의 책(2007), 376쪽; 본명성 사상에 등장하는 개념들은 칠성 외에 칠요·구요·십이궁·십일요·십이지지·이십팔수 등으로 매우 다양한데 이들 모두가 서역·인도의 점성술에 연원을 둔 것으로 당대(唐代) 전후 나타난 것이다.

173 약사칠불의 존명 가운데 다섯 여래가 칠성여래와 존명이 동일하다. 강소연, 앞의 논문(1998), 7-8쪽 참조

된다. 중국에서 북두칠성 신앙은 치성광여래 신앙과 다른 전개 양상을 나타내며 변화·발전하기에 치성광여래 도상에서 북두칠성이 모습을 나타내지 않는다. 하지만 칠성 역시 도불 양교에서 주요한 성신으로 추앙되는 별들임에는 틀림이 없다.

문종(文宗) 원년(1046) 6월 실행된 본명성초례(本命星醮禮)는 고려 시대 최초의 본명성 의례로서 문종 출생년의 지지(地支)와 같은 기미일에 진행되었고 이후 그날이 되면 반드시 친히 초례를 거행하였다.[174] 북두칠성이 본명성을 지배하는 능력에 관련된 『북두칠성호마법』과 『연명경』은 9세기 중반 이후 편찬되었고 도경인 『연생경』은 10세기 초반 이후 편찬된다.[175] 1046년 고려 왕실에서 본명성초를 지낼 당시 북두칠성이 본명을 다스린다는 개념은 도불 양교에 모두 존재하고 있었다. 1048년 7월 기미일 문종의 본명성초는 북두칠성에게 올리는 기도였는데 이는 북두칠성에게 자신의 출생한 간지에 따라 기원하던 도교의 북두칠성 본명 신앙이 왕실에서 신행되었던 사실을 알려주는 것이다.[176] 왕실의 본명성초는 왕의 연수와 관련되어 있었으며 이는 북두칠성에게 올리는 초제와 그 목적이 같다.

치성광여래 신앙과 북두 본명 신앙은 성수(星宿)와 관련된 의례라는

---

174 『고려사』 세가 권7, 문종 즉위년, 6월; 1064년 5월 24일 기미일. 〈왕이 본명성에 초제를 지내다; 『고려사』에 1046년 6월 10일에 거행된 본명성초는 정종이 직접 참석한 것으로 되어 있으나 정종은 그해 5월 18일 사망하였기 때문에 잘못 기록된 것이다.

175 서경전, 「한국의 칠성신앙연구」, 『圓大論文集』 14, 1980, 65-67쪽. 북두칠성을 다루고 있는 불교 경전은 대부분 인도에서 전래된 것이 아니라 중국에서 만들어진 위경이 많고 별과 불로불사의 사상은 도교에서 시작된 것이다.

176 『고려사』 지 권제17, 禮 5, 길례소사, 잡사, 1048년 7월 기미일. 〈문종이 내전에서 북두칠성에 초제를 지내다〉.

점과 개인적인 차원에서 소재길상과 연수를 바라는 기원 목적이 유사하여 신앙이 세속화되는 과정에서 서로 습합되어 갔다. 13세기 중기 동방의 부처와 칠원성군이 함께 모셔지는 북두연명도액도량이 개설되었던 사실에서 이 시기를 즈음하여 두 신앙은 서서히 융화되기 시작한 것으로 짐작된다.[177] 신앙의 목적 또한 개인의 연수와 구병이 강조되며 치성광여래가 약사여래와 유사한 불성을 나타내는 것으로 여겨지고 있다. 더불어 약사칠불과 유사한 여래명을 가지는 칠성여래가 등장하는 『연명경』의 사상적 배경에 의해 연수와 구병을 의미하는 신성으로서 칠성의 존재가 부각되었다. 한민족에게 익숙한 전통 성수인 칠성이 치성광여래 신앙에서 자리를 잡아가고 민간차원의 축수재에 대한 대중적 호응이 높아지면서 신앙의 전개는 활발한 양상을 띠며 이전의 현상과는 다른 면모를 보이게 되었다.

2. 그림으로 전해진 고려의 본명 신앙
- 재앙을 물리치는 행운의 상징, 〈치성광여래강림도〉

보스턴 미술관에 소장된 치성광여래강림도는 현재 유일하게 전해지는 고려의 〈치성광여래도〉이다.(도 32, 33) 이 작품은 찰스 고다드 웰드(Charles Goddard Weld)가 보스턴 미술관에 유증한 작품 가운데 하나이다. 고다드웰드는 어네스트 프란시스코 페놀로사(Ernest Francisco Fenollosa, 1853-1908)로부터 775점의 회화 작품을 구입하였는데 그 가운데 〈치성광여래강림도〉를 포함하여 한국 미술품 21점이 있었다고 한

---

177 『동국이상국집』 권39, 불도소, 〈國卜北斗延命度厄道場文〉.

도 32. 〈치성광여래강림도〉, 13세기
말-14세기 초, 124,4×54,8cm, Museum of
Fine Arts, Boston(사진촬영: 필자).

도 33.〈치성광여래강림도〉세부 명칭
(도면작성: 김유나)

다. 페놀로사는 일본에서 〈치성광여래강림도〉를 구입한 것으로 추정되
며 보스턴 미술관에 기증될 당시에는 중국 미술품으로 등록되었다.[178]

---

178 정수형, 「보스턴미술관 한국미술품 소장사」, 『미술자료』 84, 2013. 참조.

그림의 크기는 가로 54.8cm, 세로 124.4cm로 현재는 액자에 넣어져 있지만 원래는 두루마리 형태로 제작된 불화였다. 화면의 바탕천은 올이 넓은 화견(畵絹)이 사용되었는데 부분적으로 떨어져 나가 세월의 흔적을 보여 주고 있다. 채색된 안료는 박락되거나 변색되어 있지만 후대에 색채 보수 처리 없이 원형 그대로의 모습을 간직하고 있다. 화면 중심에 그려진 여래와 대좌로 사용된 수레 옆의 명왕을 제외한 모든 인물의 형상 옆에는 흰 윤곽선의 붉은 장방형 틀 속에 금니(金泥)로 존상명을 기록한 방기가 있어 화면구성 요소의 정확한 존명을 알 수 있다는 점에서 사료적으로도 이 그림의 가치는 높다.

어두운 색으로 칠한 배경은 마치 밤하늘을 나타내기 위한 작가의 의도로 보인다. 화면 중앙에는 꼬리가 긴 구름을 타고 강림하는 치성광여래와 성중이 배치되었다. 치성광여래는 소가 끄는 수레 위 연화대좌에 왼손에 금륜을 든 자세로 앉아 있으며 수레 좌우에는 협시 보살이 서 있다. 그림을 향하여 수레 좌측의 식재보살은 보관을 쓰고 칼을 차고 있고 존명을 기록한 방기가 두광 옆에 있으며, 소재보살은 수레 우측 바퀴 옆 보반(寶盤)을 오른손에 들고 있다.

치성광여래 좌우로 서 있는 인물 13구는 모두 별을 의인화하여 나타낸 성중의 무리이다. 향 좌측 일월이 장식된 면류관을 쓰고 있는 천황대제는 나머지 열두 명의 인물과 크기를 달리하여 존격(尊格)의 차이를 나타낸다. 천황대제 아래 세 명의 존상은 방기를 보면 월대음성(月大陰星), 화성이며 또 다른 한 구는 칼을 든 형상이지만 방기가 없다. 수레의 좌측 아홉 구의 존상은 금성에서 시작하여 시계 방향으로 자기성, 월패성, 일대양성(日大陽星), 수성, 계도성, 나후성, 목성, 토성을 그린 것이다.(도 34)

화면 상단에는 화염에 휩싸인 보개(寶蓋)를 중심으로 좌우 각각 여섯 개의 원형 틀 속에 십이궁과 방기가 그려졌다. 향 우측 화면 상부의 북두

칠성은 구름을 타고 내려오
는 형태로 묘사되었다. 각각
의 존상 위에는 빈랑성(貧狼
星), 거문성(巨門星), 녹존성
(祿存星), 문곡성(文曲星), 염
정성(廉貞星), 무곡성(武曲星),
파군성(破軍星)이라는 방기
가 있으며 북두칠성과 크기
를 달리한 경상형의 보성(輔
星)과 필성(弼星)이 함께 나
타나 있다.(도 35)

화면 좌우 가장자리와 하
단의 소형 인물들은 이십팔
수를 표현한 것으로 이십팔
수 각각의 신상 옆에는 신성
을 나타내는 신수(神獸)가

도 34. 치성광여래와 십일요, 도 32 세부.

함께 표현되었다. 별자리와 함께 그려진 신성한 동물의 조합은 『원사
(元史)』 여복지((輿服志) 의장조 (儀裝條)의 동물 표지와 그 구성이 일치
한다.[179]

신수와 함께 짝을 이룬 이십팔수의 도상은 원대 택주 옥황묘(澤州 玉

---

179 김일권, 앞의 책, 2008, 286-289쪽. 영락궁 삼청전 조원도의 신기명목(神祇名目)
은 북송(北宋)의 휘종(徽宗) 선화 원년(宣和, 1119년) 5월에 어제(御製)된 〈구성이
십팔수조원관복도(九星二十八宿朝元官服圖)〉의 것에 대체로 준한다. 도교 성신들
의 관복과 형상에 관한 정리는 휘종 대에 정비되었고 이즈음 고려로 전래 되었
을 것으로 추정되고 있다.

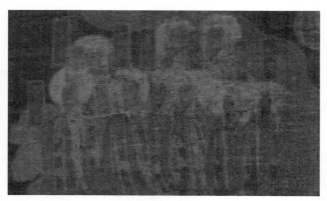

도 35. 북두칠성과 보필성, 도 32 세부.

皇廟)와 영락궁 조원도(永樂宮 朝元圖)에도 그 사례가 있어 도교 이십팔수신의 형상에서 차용된 것임을 알 수 있다.(도 36)

본존 우측의 인물들은 서쪽 하늘의 일곱 별자리(西方七宿)를 나타낸 것이고 좌측에는 동방칠수(東方七宿)가 그려져 있다. 화면 하단에는 남방칠수와 북방칠수가 함께 배치되어 있다. 남두육성은 분홍색의 대의를 입은 경상형으로 각각 사명성(司命星), 사록성(司祿星), 연수성(延壽星), 익산성(益算星), 도액성(度厄星), 상생성(上生星)이라는 명칭이 방기로 표기되었다. 삼태성은 남두육성 좌측의 천자성(天子星)을 시작으로 모여 있는 여섯 구의 경상형 인물이며 이십팔수와 같은 모습으로 그려졌다. 치성광여래와 강림하는 중앙 권속들을 제외한 나머지 존상 옆에는 성수명을 기록한 방기와 더불어 금니 테두리를 한 붉은 원들로 그려낸 성좌도(星座圖)가 표현되어 있다. 존상과 함께 그려진 성좌도는 이들이 밤하늘의 별을 의인화하여 나타낸 형상이라는 것을 잘 보여준다.

치성광여래강림도상에서 화면 상부에 십이궁을 배치하는 것은 12세기 이후 중국의 치성광여래도상과 부합하지만, 화면 가장자리에 이십팔수를 별자리와 함께 나타내고 있는 점은 10세기 송대 〈치성광다라니경변상판화〉와 유사하다. 시기별 양식들이 혼합된 독특한 구성을 보여주는 고려 〈치성광여래강림도〉는 그림 속의 기물과 문양의 형태 등을 근거로 제작시기를 추정해 보면 1300년대를 전후로 사료된다.

화면에서 치성광여래의 두광과 신광은 소재도량소에서 치성광여래를 '화염상(火焰像)'으로 표현한 것처럼 붉은 불꽃으로 타오르는 치성광염(熾盛光焰)에 휩싸여 있다. 측면관으로 묘사된 치성광여래의

도 36. 이십팔수와 신수, 도 32 세부.

불두에서 귀 앞으로 흘러내린 머리카락의 표현은 기존 여래형의 불두와 비교해 차이를 보인다. 불정(佛頂)에서 흘러내린 머리카락은 귀 옆을 지나 불두의 뒤편으로 넘겨져 있다.(도 37) 우리나라에서 조성된 비로자나불의 불두에서 고려 〈치성광여래강림도〉와 같은 머리카락(佛髮) 형태를 찾을 수 없어 단언하기는 어렵지만, 이 불화의 제작자는 빛을 나타내는 두 부처를 동일한 의미로 인식하여 치성광여래의 불두를 비로자나불과 같은 모습으로 도설하려고 한 듯하다.

밀교에서 대일여래(大日如來)로 불리는 비로자나불은 지권인(智拳印)을 한 여래형 이외에 밀교 도상의 영향으로 보관을 쓴 보살형으로도 표

도 37. 치성광여래 불두, 도 32 세부.

현되기도 한다. 치성광여래는 '빛이라는 매체를 통해 중생을 제도하는 불'로 광명이 온 누리에 두루 비친다는 뜻을 지닌 법신(法身) 비로자나불(Vairocana) 곧 밀교의 대일여래와도 그 의미가 상통한다.[180] 중국 광승사(廣勝寺) 후전(後殿) 천중천전(天中天 殿)에 조성된 비로자나불상의 광배장식에 소가끄는 수레와 함께 구요를 배치하고 '항구요(降九曜)'라는 방기를 표시한 것은 치성광여래와 비로자나불이 상통한다는 의미를 시각적으로 잘 보여주고 있다.

비로자나불을 의미하는 보살형으로 표현된 불두를 한 치성광여래의 모습은 도상의 다양성에 있어 제한적 측면을 보이는 고려 불화의 현황에서 그 범주를 범불교(凡佛敎)적으로 넓힐 수 있는 좋은 예이다. 경전에 의거하여 밀교 법식의 정통을 표현하고 있다는 점에서 종교사적 자료로도 고려 〈치성광여래강림도〉의 가치는 높다.[181]

여래 우측 우차(牛車)대좌 바퀴 옆에 그려진 인물은 뾰족한 아랫니를 드러내고 있는 분노형 얼굴을 하고 있다. 인물이 가슴 부위로 들어

180 김일권, 앞의 책(2008), 174쪽.
181 정우택, 앞의 논문(2011), 115쪽.

올린 왼손에는 흰색의 견삭(羂索)
이 들려 있으며 오른손에는 칼을
쥐고 있어, 전체적인 형상이 부
동명왕(不動明王)과 같아 이를 도
식화 한 것임을 알 수 있다.[182]
(도 38) 인물의 오른손에 들려진
칼은 부동명왕이 가지는 항마검
으로 여의두문(如意頭紋)이 칼자
루에 장식되어 있으며 칼의 몸
체에는 금니로 구슬 문양이 그
려졌다. 〈치성광의궤〉의 제단 설
치법에도 당 중앙에 불상을 안
치하고 그 앞에 분노명왕을 두
라고 기록되어 있다. 중국의 치

도 38 명왕, 도 32의 세부.

성광여래도상에서는 명왕의 모습이 보이지 않기 때문에 현존하는 치성
광여래도상 가운데 명왕이 명확히 그려진 작품은 고려 〈치성광여래강
림도〉 한 점뿐이다.

　『성성모중도법사공양전(聖星母中道法事供養典)』에 의하면 치성광법
식을 진행할 때에는 관상자(觀想者)가 의념에 집중하여 다라니를 외우
면서 치성광여래가 비로자나불로, 다시 분노존인 명왕으로까지 차츰
변화하는 과정에서 법사(法事)가 완성된다고 한다. 고려 〈치성광여래강
림도〉에 그려진 비로자나불 형태의 여래와 부동명왕의 존재는 이 그림
의 도상이 의궤의 정통을 따르고 있음을 나타낸다. 경전에 따르면 치성

---

182 이동은,『朝鮮後期 서울·경기지역 熾盛光如來降臨圖研究』,「향토서울」80, 2012,
　　121-122쪽. 대일여래의 화신으로 부동명왕을 해석하고 있다.

광여래와 짝을 이룬 명왕은 대위덕명왕(大威德明王)이고 이는 대족석굴(大足石窟)의 석각을 통해서도 알 수 있다.[183] 고려 치성광여래강림도에 대위덕명왕이 아닌 부동명왕이 분노존으로 그려진 까닭은 무량광염을 나타내는 치성광여래가 비로자나불과 동일한 불성을 가진 부처로 인식된 데 있으며, 이로 인해 밀교 삼신법(三身法)에 의거하여 비로자나불의 교령윤신(敎令輪神)인 부동명왕을 나타낸 것으로 해석된다.[184]

치성광여래 신앙에서 부동명왕을 분노존으로 둔 예는 12세기에 일본에서 거행된 〈치성광법식(熾盛光法式)〉에서도 볼 수 있다. 치성광법회의 주존은 치성광불정이지만 비로자나불 또는 대일여래가 발원의 대상이며 십일요와 오대천[대자재천(大自在天)·대범천(大梵天)·나라연천(那羅延天)·도사다천(覩史多天)·제석천(帝釋天)]을 합한 십육대천을 봉청 대상으로 두고 있다. 제요성수와 천상계를 다스리는 십육대천은 치성광여래 관련 경전 가운데 『대성묘길상보살비밀팔자다라니수행만다라차제의궤법(大聖妙吉祥菩薩秘密八字陀羅尼修行曼茶羅次第儀軌法)』과 〈치성광의궤〉의 발원문에 나타나는 천신의 무리(天衆)이므로, 일본의 〈치성광법〉은 팔자 문수 신앙(八字文殊信仰)과 치성광여래 신앙이 혼합된 의례였음을 알 수 있다.[185] 일본 〈치성광법〉에서 분노존으로 등장하는

---

183 정진희, 앞의 논문(2017_a), 44쪽. 大足寶頂大佛灣 제9위 大威德明王의 우측 상부에는 "第九大威德明王金輪熾盛光佛如來化"라고 銘記가 있어 이 불감이 치성광불과 위덕명왕을 삼륜신법에 의거해 조성한 것임을 알 수 있다.

184 정진희, 앞의 논문(2014), 243-244쪽. 서하의 경전에서 〈치성광법식〉의 완성은 비로자나불이 명왕으로 변하여 재앙을 소재하는 것이었고 요와 서하는 형제국이었다. 고려의 밀교는 요나라의 영향을 보이고 있는 까닭에 요를 통해 서하의 〈치성광법식〉이 전래되었을 가능성도 배제할 수 없지만 현존하는 서하의 치성광여래도상에 명왕의 존재가 없어 단정지어 말하기는 어렵다.

185 『大正藏』, 門葉記, 〈치성광법〉

4대 명왕 가운데에서도 부동명왕이 우두머리를 차지하고 있으며 아사박초(阿娑縛抄)의 〈치성광본〉에서도 사대명왕을 거론하면서 네 개의 팔을 가진 부동명왕을 제일 먼저 올리고 있다.[186] 고려의 치성광여래도상에 부동명왕이 분노존으로 나타나는 이유 역시 일본의 치성광법식과 유사한 배경을 갖고 있었기 때문이었을 것이다.

고려 치성광여래강림도에 그려진 구요는 월패와 자기가 더해진 십일요로 구성되어 있다. 치성광여래 우측 흰 구슬 관식이 붙은 통천관(通天冠)을 쓴 흰 얼굴의 인물은 월대음성이다. 그 앞에 홀을 들고 대수포를 입은 남성은 관식(冠飾)에 갈기가 휘날리는 말의 머리가 얹혀 있으며 방기에는 화성이라 쓰여 있다. 소재보살 앞 2열 횡대로 서 있는 아홉 구의 인물 가운데 앞줄 향 좌측의 소머리 장식 보관을 쓰고 있는 노인형 인물은 진성(鎭星, 토성)이다.[187] 멧돼지가 장식된 관을 쓴 인물은 목성이며 그 옆 두 눈을 부릅뜨고 분노한 얼굴로 앞을 바라보는 두 명의 남성은 라후와 계도상이라고 방기되었다. 그 우측 거두미형(巨頭昧形)의 머리장식에 원숭이 관식을 하고 있는 여성은 수성이다.[188] 뒷줄의 향 좌측 수요와 유사한 형태의 여성상은 금성이고 그 옆은 자기, 민머리 형태의 인물은 월패이며 관식에 붉은 원구를 표현한 남성의 방기

---

186 『大正藏』, 〈阿娑縛抄〉 권58, 〈치성광본〉

187 발삽사 기사에서는 토요를 전성(塡星)으로 표시하고 있으나 고려사에서 토성을 전성으로 기록한 예는 더 이상 보이지 않고 모두 진성(鎭星)이라는 표현을 사용하고 있다.

188 임수빈·김성남, 「불화로 살펴본 조선시대 거두미의 시원에 관한 고찰」, 『한국미용예술학회지』 7(3), 통권20, 2013, 134-138쪽. 가계(假髻)의 일종인 거두미(巨頭昧)는 상류층 여인들의 머리 형태로 왕비나 궁중 여인들이 주로 사용하였다. 중국에서는 이와 같은 두발 형상을 쌍환망선계(雙環望仙髻)라 하여 신선 사상을 접목시키고 있다.

는 일대양성이다. 이들 가운데 여신으로 묘사된 금성과 수성, 월요와 월패의 얼굴은 흰색 안료를 사용하여 덧칠한 듯 다른 성신들보다 더 하얗게 나타내었다.

십일요 가운데 월패와 자기를 제외한 구요는 모두 각각의 특징을 나타내는 동물이나 일월상을 관식으로 부착하였다. 중국의 예에서 관식의 형태는 시대에 따라 근소한 변화를 보이나 특정 동물 모티프를 사용한다는 본질적인 의미에는 큰 차이가 없다. 고려 치성광여래강림도에 그려진 오요의 관식도 전반적으로는 중국의 것과 큰 차이를 나타내지 않지만 금요의 경우 봉황에서 닭의 모습으로 바뀌어 나타나고 있다.〈표 9〉『범천화라구요』와 『칠요양재결(七曜禳災決)』에서 구요는 동물 장식의 관을 쓰고 특정 지물을 가지는데 그중에서도 특히 수요의 지필(紙筆)과 금요의 비파는 빠지지 않고 등장한다. 이에 반해 고려 〈치성광여래강림도〉의 구요는 동물 장식의 관을 쓰고 있지만 모두 대수포를 입고 홀을 가지는 경상형으로 표현되었다.

중국 불화에서 삼면육비(三面六臂)에 분노형으로 그려지던 라후와 계도는 대수포를 입고 부리부리한 눈매를 가진 인물로 묘사되었는데 그들의 머리에는 용의 머리와 꼬리를 나타낸 관식이 있다. 라후와 계도의 관식형태는 『범천화라구요』에 소개된 도상이 아닌 이슬람 문화권의 영향을 반영한 모티프로 당시 고려 구요 신앙의 성격을 반영한다는 점에서 매우 흥미롭다.

발삽사에 있던 토요가 지물을 가지고 있었다는 『고려사』기사 내용으로 미루어 아마도 12세기 고려에 조성되었던 구요조상들은 특징적인 지물을 든 형태로 표현되었던 것 같다. 하지만 이와같은 모습을 한구요상은 현재 확인된 예가 없어 단정짓기 어렵다. 중국에서 구요는 15세기 후반까지 꾸준히 지물로써 도상의 특징이 표현되었다는 것을 고려해

〈표 9〉 고려와 중국의 오성(五星) 관식(冠飾) 비교

작품명	고려 치성광여래강림도	돈황 치성광여래와 오성도(879년)
목요		
수요		
토요		
금요		
화요		

보면 고려 〈치성광여래강림도〉의 구요는 성관(星官)의 의미에 걸맞은 형태를 선호하는 민족성이 도상에 반영된 결과로 추측된다.

한편 기록된 바에 의하면 세성(歲星)과 형혹성(熒惑星)이 목성과 화성으로 불리는 시기는 목성은 1131년 이후이고 화성은 1188년 이후이다. 십일요와 같이 특정 동물 장식 보관을 쓴 경상형 인물의 신형(神形)은 1144년 만들어진 허재(許載)의 석관에 새겨진 십이지 신상에서도 확인된다. 이런 사실들을 염두에 두면 고려에서 경상형 구요도상은 12세기를 즈음하여 출현하였던 것으로 추정된다.[189]

3. 탑을 조성해 나라의 재앙을 소재하다
- 경천사 십층 석탑 소재회도

경천사는 개성 근교 개풍군 풍덕면에 있었던 사찰로 이곳에는 1348년에 세워진 10층 석탑이 있었다. 이 탑은 일제 강점기 일본으로 반출되었다가 돌아와 현재 국립 중앙 박물관에 전시되어 있다. 탑신부에 부조된 설법회도에는 불전(佛殿)에 걸리는 편액 형식의 명문으로 장면 각각의 명칭들이 분명히 쓰여 있어 불회(佛會)의 성격을 알려 주고 있다.[190] 경천사에 대한 문헌 자료인 『속동문선(續東文選)』, 『대동금석서

---

189 김일권, 앞의 논문(2006) 참조.

190 홍윤식 교수는 1층 탑신부에 삼세불회(三世佛會), 영산회(靈山會), 용화회(龍華會), 미타회(彌陀會)의 한국 불교 신앙의 대표적 불회가 도해되고, 2층에는 화엄회(華嚴會), 원각회(圓覺會), 법화회(法華會), 다보회(多寶會)로 불교 사상의 대표적 불회가 도해되며, 3층에는 소재회(消災會), 단서상회(壇瑞像會), 능엄회(楞嚴會), 약사회(藥師會)의 밀교 신앙의 대표적 불회가 도해된다고 하였다(홍윤식, 「원각사지 10층석탑의 조각내용과 그 역사적 의의」, 『원각사지 10층석탑 실측조사보고

(大東金石書)』, 『대동금석서속(大東金石書續)』, 『대한지지(大韓地誌)』 등에 의하면 이 사찰의 건립 연대는 지정 8년(至正, 1348년)경이고 건립 장소는 개성 부소산이었다.[191] 경천사지 석탑의 1층 탑신석 창방에 새겨진 조탑명문기(造塔銘文記)에는 원의 황제와 그 가족의 축연이라는 조성 목적에 의하여 이 탑이 제작되었으며, 발원자는 대시주 중대광(重大匡) 진녕부원군 강융(晉寧府院君 姜融), 대시주 원사 고룡봉(院使 高龍鳳), 대화주 성공(省空), 시주 법산인 육이(法山人 六怡)라 기록되었다.[192]

경천사 석탑의 부조상에 관련해서는 불회도의 내용을 대략적으로 다룬 연구 성과가 있으며 특정한 불회도에 관련된 논문이 발표되기도 하였다.[193](도 39)

도 39. 경천사 십층 석탑, 고려 1348년, 대리석, 높이 13.5, 국보 26호, 국립 중앙 박물관.

서』, 문화재관리국, 1993); 장충식 교수는 불회상(佛會相)이 동방의 약사회(藥師會), 서방의 미타회(彌陀會), 남방의 지장회(地藏會), 북방의 석가회(釋迦會)로 구성된 사방불회(四方佛會) 조각을 각각 3층까지 나타낸 12불회라고 하였다(장충식, 『한국의 塔』, 일지사, 1989, 164-170쪽); 문명대 교수는 회상명(會相名) 현판이 없는 4층 동면 석가회, 서면 지장회, 북면 열반회의 회상 부조를 포함하여 16불회를 나타낸 것이라 한다(문명대, 「敬天寺10층 石塔의 16佛會圖 부조상의 연구」, 『강좌미술사』 22, 2004).

191 『속동문선(續東文選)』, ‘至敬天寺…庭中有石塔 光瑩如玉 高十三層 彫刻十二佛會相 窮極精巧…寺乃寄皇后願利 而塔亦中國人所作…又出脫脫丞相畫像…’

192 고유섭, 『松都의 古蹟』, 열화당, 1977, 128-132쪽. “大華嚴敬天祝延皇帝陛下萬/ 太子殿下/ 壽萬歲皇后../秋文.../虎協心奉...調雨順國/泰民安佛日增輝/...../法輪常轉..../現獲福壽當生/..../覺岸至正八年/戊子三月日大施主三重大匡晉/寧府院君姜融大/施主院使高龍鳳大化主省空/施主法山人六怡../.....普及/於一切我等與衆/生皆共成佛道”

소재회가 조성된 3층 탑신석에는 전단서상회(栴壇瑞像會), 약사회, 능엄회(楞嚴會)가 함께 조성되어 있다. 남면의 소재회와 함께 조성된 북면의 약사회는 약사여래와 치성광여래 신앙의 연관 관계를 보여 주고 있다. 이규보는 〈국복북두연명도액도장문(國卜北斗延命度厄道場文)〉에서 북두칠성의 신성한 힘을 언급하며 '동방의 부처가 언급하였다'라는 표현을 사용하였다. 약사와 치성광여래가 동일한 불성을 갖고, 방위불(方位佛)로서도 동방이라는 동일한 방위를 의미했던 중국의 영향이 고려에도 전래되어 전승되고 있음을 알 수 있다.[194]

(1) 화면의 구성

경천사지 십층 석탑 3층 남면의 불회도는 화면 상부 현판 형태의 틀 속에 음각으로 소재회(消災會)라는 명문이 새겨져 있어 고려 시대에 유행하였던 소재도량을 도상으로 표현한 것임을 알 수 있다. 화면 중앙에는 금륜을 든 치성광여래가 주존으로 모셔져 있어 고려 소재도량이 치성광법식을 거행하던 불교 의례였음을 알려 준다.

'亞'자와 같은 형태로 조성된 경천사 십층 석탑은 전면과 측면, 후면이 하나의 불회도를 이루는 구성을 보인다. 전면에 조성된 공간에는 소가 끄는 연화대좌에 치성광여래가 앉아 있고 그 주위로 권속이 포치되었는데 하늘에서 강림하는 모습을 재현한 듯 대좌 아래에는 운문이 새

---

193 경천사지 십층 석탑에 관해서는 개괄적인 연구 보고서인 『경천사십층석탑 I, II, III』(국립문화재 연구소, 2006)이 있고 부조상에 관련된 논문들로는 주) 191의 논문들을 비롯하여 정은우, 「경천사지10층석탑과 삼세불회고」, 『미술사연구』 19, 2005; 신은정, 「경천사십층석탑의 종합적 연구」, 2003; 신소연, 「원각사지십층석탑의 서유기 부조」, 서울대학교 석사학위논문, 2003) 등이 있다.

194 『동문선』 권114, 〈도량문〉, 〈國卜北斗延命度厄道場文〉, "…是東方佛譚勝力於七元…"

도 40. 〈소재회〉, 경천사지 십층 석탑 3층 남면, 67.7×58.6cm,
국립 중앙 박물관(출처: 유근자).

거져 있다. 회화로 제작된 도상에 비해 전체적으로 간략화 되어 십이궁
과 이십팔수, 삼태육성, 남두육성은 사라지고 치성광여래와 11인의 경
상형 인물상과 더불어 북두칠성만이 표현되었다. 치성광여래삼존과 2
인의 경상형 인물이 있는 화면 중앙을 기준으로 화면 상부에는 머리를
풀고 있는 피발형(被髮形)의 칠성이 조성되어 있으며 아래에는 경상형
인물 7인의 부조로 구성되어 전명의 화면을 크게 상·중·하 세 부분으
로 나눌 수 있다. 전체 구성에서 치성광여래삼존이 차지하는 범위가 커
주존 위주로 도상이 구성된 느낌이 강한데 이는 고려 불화에서도 나타

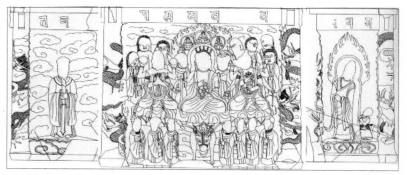

도 41.〈경천사 십층 석탑 3층 탑신석 실측도〉(출처: 문화재청, 『경천사 십층석탑 부재별 상세자료』)

나는 특징이다.

모든 여래회도와 동일하게 측면에는 2구의 여래 좌상이 배치되었고 정면에서 보이는 후면 부분에는 경상형 인물 2구가 돋을새김되어 있다.(도 40, 41)

치성광여래는 손에 금륜을 들고 우차대좌에 결가부좌를 한 형태로 얼굴은 훼손되어 정확한 형태를 살필 수 없다. 왼손에는 여섯 개의 바퀴살이 새겨진 금륜을 받들고 가슴께로 들어 올린 오른손은 금륜을 감싸는 듯 펼쳐 그 위에 두었다. 두광 뒤로는 불타는 화염광배가 표현되어 있으며 광배 속에는 연화대좌에 결가부좌를 한 화불(化佛)들이 원형의 테두리 속에 묘사되어 있다. 화불이 표현된 화염광배는 본 석탑의 다른 불회도에도 공통적으로 보이는 것이기 때문에 소재회만의 특징적인 의미를 내포하는 도상적 모티프는 아니다.

14세기 이후가 되면 치성광여래도에서 금륜을 든 치성광여래의 수인은 해설인(解說印) 이외에도 여러 형태가 나타난다.[195] 소재회도상에서 치성광여래의 수인은 14세기 이후 중국 치성광여래 수인의 형태 변화를 수용한 것으로 보이는데, 경천사지 석탑의 조성에 원(元) 공장(工匠)이 참여하였다는 기록에서 이들에 의해 새로운 수인이 채택된 것으로 추측된다.[196]

소재회에 조각된 협시 보살 역시 한국에서 여래의 협시로 조성된 보살의 모습에서는 찾아 볼 수 없는 독특한 형태이다. 고려 〈치성광여래강림도〉와 소재회에 표현된 협시 보살은 제작 시기와 표현 방법의 차이를 감안해도 그 형태가 완전히 다르다. 경천사지 석탑은 원나라 황실과 관련한 발원 동기가 있고 조성자들 역시 원나라 장인이라는 점으로 미루어 볼 때 중국의 영향이 반영된 형상일 것이다. 회화에서와 달리 석재를 이용해 협소한 공간에 도상을 표현한 불탑의 소재회는 간략화된 구성으로 화면이 조성되면서 도상의 주요 요소인 십이궁·이십팔수와 명왕의 존재가 생략되었다. 고려 경천사지 십층 석탑의 시주자들은 귀족 지배 계층으로 순밀 정통을 따르는 소재회법식에 익숙한 사람들이었을 것이다. 고려 치성광여래강림도에는 중국에서 보이지 않던 명왕의 모습이 보이고 소재도량소의 내용에서도 도량의 제단에 봉안된 명왕의 존재가 확인되고 있어 고려인들은 명왕이 도상에서 갖는 의미

---

195 서하 시기 돈황 제61 굴의 치성광여래는 전륜성왕이 금륜을 든 모습과 같이 오른손 검지를 곧게 세우고 그 위로 금륜을 돌리는 형태이고 비래봉 제37 굴 불감의 치성광여래는 화염금륜을 왼손에 올리고 오른손은 무릎 아래로 내려 항마촉지인의 형태를 취하고 있다. 명대 『대승경주(大乘經呪)』(1411-1412)에 보이는 치성광여래는 왼손에 여덟 폭의 금륜을 가지고 오른손은 가슴 부위로 들어 올려 중지와 약지를 구부린 수인(獐鹿印)을 짓고 있다. 넬슨 아킨슨 박물관의 14세기 초 치성광불회도의 여래 수인은 해설인과 유사하지만, 펜실베이니아 대학 박물관 소장 치성광여래설법회도(1475년)와 산서성 자수사(资寿寺) 서벽의 치성광여래설법회도(1480년)의 치성광여래는 왼손으로 금륜을 들어 오른손을 금륜 위에 올린 모습을 하고 있다.

196 『신증동국여지승람』 권13. 풍덕군 불우조 〈경천사〉 참조

를 이해하고 있음을 알 수 있다. 때문에 불탑의 장인들은 수요자의 요구에 따라 협시 보살인 소재보살과 식재보살의 형상을 다면다비(多面多臂)의 명왕과 같이 표현함으로써 제한된 화면에서 명왕과 협시 보살을 모두 나타낼 수 있는 답을 찾았을 가능성도 배제할 수 없다.[197]

도 42. 치성광여래 우측 협시 보살, 도 40 세부.

여래 우측의 협시 보살은 여섯 개의 팔 가운데 맨 위의 두 손에 일월로 보이는 원구를 쥐고 아래 두 팔의 오른손에는 화살, 왼손에는 병으로 보이는 지물을 들고 있다. 천의를 걸친 나머지 두 손은 가슴으로 모으고 있는데 훼손되어 정확한 형태를 파악하기는 어렵다.(도 42) 이 보살의 지물에서 가장 특징적인 것은 좌측 두 번째 손에 든 병이다. 명왕 가운데 보병(寶甁)을 지물로 가지는 존재는 미륵보살의 교령윤신(敎令輪身)인 대륜명왕(大輪明王)이며, 인도와 티베트 도상에서의 미륵보살 또한 정병을 지물로 갖는다. 따라서 지물의 내용으로 미루어 볼 때 우측의 협시 보살은 미륵보살의 교령윤신인 대륜명왕으로 추정 가능하다.

여래 좌측 협시 보살은 여섯 팔 가운데 가장 위쪽 두 팔에 금강령과 금강저로 보이는 지물을 들고 그 밑쪽 오른손으로는 견삭, 왼손으로는 칼로 보이는 지물을 쥐고 있다. 맨 아래 두 팔은 왼손에 작은 주발(小盌)

---

197 이동은, 앞의 논문(2009), 28-29쪽. 소재회도상 삼면육비의 협시 보살상을 묘견보살, 혹은 중국의 장인이 제작하였다는 근거로 명왕일 가능성도 열어 두고 있다.

형상의 지물을 들고 오른손을
가슴 쪽으로 들어 올려 수인을
짓고 있다.(도 43) 금강저와 금
강령, 칼은 명왕의 보편적인
지물이기에 이것으로 이 형상
이 어떤 명왕을 나타내는지는
알아내기 어려우나 석탑 구조
상 도상의 위치와 내용으로 명
왕상의 존재를 추론해 볼 수는
있을 것이다. 경천사지 십층
석탑 1층 탑신의 부조는 비로
자나, 미륵, 아미타회상으로 조
성된 삼신삼세불(三身三世佛)로
구성되어 있다. 앞서 중국과

도 43. 치성광여래 좌측 협시 보살,
도 40 세부.

고려에서 치성광여래가 비로자나불을 의미하는 부처임은 살펴본 사실이
다. 때문에 치성광여래의 우측 협시 보살이 미륵보살의 교령윤신인이
라면, 좌측 협시보살은 서방 아미타불의 교령윤신이 표현된 것으로 추
정할 수 있다. 밀교의 삼륜신(三輪身) 사상에서 아미타불의 교령윤신은
대 위덕명왕이기 때문에 소재회 치성광여래 좌측 협시 보살은 대위덕
명왕을 나타낸 것일 수 있다.[198]

---

198 정진희, 앞의 논문(2017_a), 143-144쪽. 삼륜신법상 중생을 구도하는 존재들은
    자성윤신(自性輪身)인 부처와 정법륜신(正法輪身)인 보살, 교령윤신(敎令輪身)인
    명왕으로 구분되며 이는 현교에서는 보이지 않는 밀교만의 특징이다. 자성윤신
    과 정법륜신의 제도로 교화되지 않는 중생들에게 분노한 형상으로 나타나는 교
    령윤신인 명왕은 다면다비의 형태를 하고 무기를 지물로서 가지는데 도량소에
    언급된 금강저와 철봉을 대표적인 예로 들 수 있다.

도 44. 향 좌측 구요. 도 40 세부.　　　도 45. 향 우측 구요. 도 40 세부.

　　소재회의 전면과 후면에는 관을 쓰고 홀을 든 열한 구의 경상형 인물상이 조각되어 있다. 고려에서는 1150년부터 구요가 아닌 십일요에게 초제를 지냈고 1217년 당시 구요당에는 십일요상이 조성되어 있었다.[199] 고려 〈치성광여래강림도〉에서도 치성광여래는 구요가 아닌 십일요와 함께 도설되고 있어 소재회도상이 제작되었을 1348년에는 치성광여래가 십일요와 함께 조성되었어야 시대상으로 알맞은 구성이다. 기존의 연구에서 화면 하단 일곱 구의 경상형 인물은 칠원성군(七元星君)의 형상으로 해석되기도 한다.[200](도 44, 45) 치성광여래 양 옆의 2구는 하부 측의 홀을 들고 양관(梁冠)을 쓴 경상형 부조 일곱 구와 형태가 같다. 일요와 월요가 치성광여래 좌우에 배치된 사례는 중국 서하 시기부터 있기 때문에 소재회에서 치성광여래 양 측면 2구의 경상형 인물상은 일요와 월요를 나타낸 것으로 추정해도 무방할 것이다.

---

199 『고려사』 세가 권제17, 의종 4년. "十二月 己酉 親醮十一曜於內殿"; 『고려사』 권53, 지, 권제7, 五行 1, "高宗四年三月壬午 九曜堂十一曜藏內, 有聲如奏樂".

200 문명대, 앞의 논문(2004), 참조

이들 아홉 구의 조상(彫像)들과 더불어 3층 남면 탑신석 하단의 남동측과 남서측에 새겨진 2구의 인물도 홀을 가진 경상형이다. 이 중 남서측 인물은 신발을 신지 않은 채 고개를 돌려 발치에 새겨진 작은 부조상을 바라보고 있다.(도 46) 십일요 가운데 소형의 인물과 짝

도 46. 경천사지 십층 석탑 남면 하단의 남동측(향우)과 남서측(향좌), 도 40 세부.

을 이뤄 구성되는 성신은 수요(水曜)이다. 수요를 그린 작품 등에서 시종의 모습으로 그려진 원숭이를 참조한다면 소재회에 표현된 작은 조각상 역시 원숭이를 나타내려 한 것으로 보인다.

소재회 상단에 치성광여래 좌측으로 네 구, 우측으로 세 구가 새겨진 피발형의 홀을 쥔 형상은 북두칠성이다. 앞서 〈치성광여래강림도〉에 그려진 칠성의 두발 형태가 피발형이었던 것과 동일하게 소재회 칠성의 두발 형태 역시 피발형이다.(도 47) 우리에게 익숙한 칠성의 모습은 조선 후기 불화에 그려진 것처럼 관을 쓰고 홀을 쥔 공경대부와 같은 칠원성군의 모습이지만 고려의칠성은 머리를 풀고 있는 피발형의 인물상이었다. 이와 같은 칠성의 모습은 북두 본명 신앙을 다루고 있는 『연명경』중 〈북두팔성도〉의 칠성과도 유사성을 보인다.(도 48) 성현(成俔)의 『용재총화(慵齋叢話)』에 '태일전에서 칠성과 제숙

도 47. 칠성, 도 40 세부.

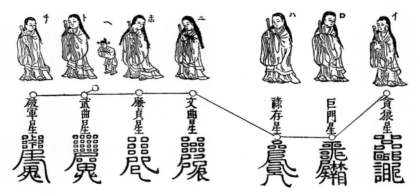

도 48. 『북두칠성연명경』의 북두팔성도.

(諸宿)에게 제사를 지내는데, 그 상은 모두 머리를 풀어 헤친 여자 형상이었다.' 라는 내용은 조선 전기까지 칠성이 피발형의 모습을 하고 있었던 사실을 말해 준다. 피발형 여성으로 표현된 북두칠성 모티프의 사상적 배경은 금강지(金剛智, 669년-741년)가 번역한 〈북두칠성염송의궤(北斗七星念誦儀軌)〉에 나오는 '북두팔녀(北斗八女)'라는 표현을 통해 살필수 있다.[201]

북방의 성신을 나타내는 모티프의 피발형 두발 묘사는 진무대제의 모습과도 공통성을 보인다. 윤덕희(尹德熙, 1685년-1776년)가 그린 〈진무대제도(眞武大帝圖)〉는 별자리로 나타낸 북두칠성 아래 대수포를 입고 검을 든 진무대제의 모습을 나타낸 것이다. 북방신 현무의 다른 이름인 진무의 옷은 북쪽을 나타내는 검은색이고 손에 든 칼은 악귀를 물리

---

201 김일권, 앞의 책, 375-378쪽. 이 경전에서는 범어로 된 팔성주(八星呪)를 소개한 뒤 이 주문을 매일 염송하면 팔녀백세존이 죄업을 소멸해주고 소원을 이루게 해줄 것이라고 말하고 있다. 같은 이유로 불교 경전에 그려진 칠성은 여성의 모습을 하게 된다.

치는 무기인 항마검이다.(도
49) 조선시대 불화에서 18세기
까지는 피발형의 칠성이 등장
하지만 이후 점차 도교의 칠원
성군에 영향을 받아 경상형 칠
성으로 변화되어 간다.(도 50)

고려 〈치성광여래강림도〉
에서 칠성이 그려진 공간은
화면의 중심을 벗어나 있으
며 크기 면에서도 구요를 비
롯한 다른 성신들 보다 소형
으로 도상 구성에서 비중이
약했다. 그러나 경천사지 석
탑의 소재회에서 칠성은 화
면 상단에 당당하게 그 존재
감을 드러내고 있다. 치성광
여래도상에서 칠성의 비중이
변화했다는 사실은 치성광여
래 신앙에서 북두칠성의 위
상이 달라졌다는 것을 의미
한다.

조선의 태종은 탄일 축수
재와 북두초제가 겹치게 되
자 북두초제만 행하게 했을
정도로 죽음을 구제하고 수

도 49. 윤덕희, 진무대제도, 지본 채색,
77×2937cm, 국립 중앙 박물관.

도 50. 태안사 〈치성광여래도〉 부분, 1739년, 마본 채색,
호암 미술관(출처: 안귀숙).

명을 청하는 중대 사안은 모두 북두에게 빌어야 하는 것이었다.[202] 민간
에서도 매일 밤 북두성을 향해 축원하는 풍습이 있었을 만큼 북두는
한민족에게 특별한 성신이었다.[203] 고려 후기 치성광여래 신앙에서 개
인의 연수와 기복을 기원하는 성향이 강해지면서 북두칠성의 존재는
더욱 부각되었고, 이러한 관계로 소재회도상에서도 북두가 큰 비중을
차지하고 있다.

---

202 『태종실록』 권31, 태종16년 5월 16일; 이익, 『성호사설』 권13, 인사문, 〈北斗〉;
   권근, 『양촌집』, 양촌선생문집 권29, 청사류, 〈功臣都監行大上殿誕日祝壽北斗醮禮
   靑詞文〉, 〈功臣都監誕日醮禮靑詞〉.
203 민대생(1372년-1467년) 신도비, 〈華嚴寺碧岩大師碑〉.

V. 치성광여래 신앙과 도상으로 살펴본 조선의 본명 신앙

1. 구요의 자리를 칠성이 대신하다

고려에서 조선으로의 이행은 왕조뿐만 아니라 지배 사상에 커다란 변화를 가져왔고 사회 전반의 분위기에도 새로운 국면이 대두되었다. 조선은 성리학 사상으로 무장된 신진 사대부들의 주도 하에 건국된 나라였기에 지배 이론으로 유교적 정치 이념이 도입되면서 국가 행사도 유교식 제례가 시행되게 된다. 이에 따라 점성과 관련된 성수 신앙과 소재기복을 바라며 사찰에서 올리던 불사는 모두 배불론(排佛論)적 비판을 받아 미신으로 간주되어 척결의 대상이 되었다.[204] 조선 전기에 이르면 소재도량 역시 고려 불교의 폐법이라는 이유로 성리학자들의 지탄을 받게 되어 왕실의 비호를 받던 고려 시대와 같은 양태와 체제를 유지할 수 없었다.[205] 조선 초기 소재도량이 몇 차례 설행된 예가 있지만 점차 불교 탄압에 의해 경제적 원조도 줄어들어 왕실 개최 소재도량과 같은 대규모 불사는 이루어지지 않게 된다.

---

204 『정종실록』 권6, 2년 12월 22일, '乞中外寺社設行道場、法席、國卜、祈恩、年終、還願等事, 一皆停罷. 且祀神, 誠敬爲主. 黷于淫祀, 不如不祭'.

205 『세종실록』 권126, 31년 12월 23일, '僉曰: 古人於災變, 皆云恐懼修省, 此意甚好. … 消災道場, 高麗弊法, 豈以此弭天之災乎!'.

사후 세계에 대한 공포와 불안을 해소하거나 병을 치료하고 생명을 연장하는 것과 같은 초자연적인 영역은 유교적 이념으로는 해결할 수 없는 신앙적 차원의 것이었다. 특히 점성을 통해 길흉을 점치고 액막이를 하던 습속은 민간뿐만 아니라 왕실에서도 행하던 소재법이었기 때문에 국가가 모두 근절할 수 없을 만큼 그 뿌리가 깊었다.[206] 때문에 국가적 차원에서 천변소재(天變消災)와 관련한 치성광여래 신앙의 기능은 사라지는 반면 세간에서 별에게 장수를 기원하고 복을 구하던 성수신앙은 쉽게 사라지지 않고 그 맥을 이어가고 있었다.

조선 전기 치성광여래 신앙의 소재 목적은 국가적 차원으로 천재지변을 막는 것보다는 개인의 구병과 연수에 중점을 두고 있었다. 왕실에서 치성광여래와 관련한 경전을 간행하게 되는 동기도 대부분 왕족의 병세 회복이나 연수 그리고 망자의 명복과 영가천도를 기원하기 위한 것이었다.[207] 왕실이 발원한 불화 역시 유사한 의미를 갖고 있는데 약사여래와 함께 신행된 예가 많고 팔난구제관음(八難救濟觀音)과 함께 모셔지기도 했다.[208] 약사 신앙과 팔난관음 신앙, 치성광여래 신앙은 모두

---

206 『세종실록』 권34, 8년 11월 9일, '人而無恒, 不可以作巫醫,' 則此非無根之事, 宜若不可無也, 但今之巫覡, 若兒戲耳. 然舊俗已久, 不可頓革, 爾等其傳此意於諫臣'; 권16, 4년 5월 1일, '命參贊卞季良、前大司憲金自知、奉常少尹鄭宗本、供正庫副使李通, 以星曜法卜其吉凶'.

207 박도화, 「15세기 후반기 왕실발원 판화-정희대왕대비 발원본을 중심으로-」, 『강좌미술사』 19(2002), 165쪽.

208 팔난관음신앙은 법화경에 나오는 팔난을 구원하는 관음에서 기원한 것으로 다면다비의 형상을 한 도상의 예가 중국에 남아 있다. 조선 전반기 가장 특징적인 외래 양식이었던 다면다비의 관음도상은 중국에서 티베트계 불교 양식을 받아들여 생성된 것으로 명대에 성행하던 것이다(김경미, 「조선 전반기 티베트계 명양식 불교미술의 영향연구」, 고려대학교 박사학위논문(2013). 123-128쪽 참조); 조선 전기 왕실 발원 불화에서 나타나는 명대 불화와 판화의 영향을 근거로 팔

구병연수와 관련 있는 불보살을 숭배하는 신앙들이다. 신앙의 목적으로 연수와 구병이 부각되는 현상은 인간의 생사를 주관하는 성신으로서 우리에게 익숙한 칠성이 구요를 대신하여 신앙의 전면에 등장하는 배경이 되었다.

불교 교단은 불교를 억압하고 말살하려는 정책 속에서 사원 경제가 피폐해지자, 수행과 교화라는 근본적인 목적보다는 자금 마련을 위한 호구지책을 모색할 수밖에 없었다. 이 고민을 해결할 수 있었던 방법 가운데 하나가 민간에서 요구되던 현세 기복적인 성격의 제사와 공양을 거행하는 의식 불교에 치중하는 것이었다. 16세기 이후 사찰에서 사용되는 제반의 의문(儀文)이 다루어진 의식집이 다량으로 출간되었던 까닭에는 이러한 이유가 있다.[209] 치성광여래와 북두칠성, 제요성수에게 올리는 예불 의식문도 이 시기가 되면 모습을 보이는데 이 중 가장 이른 예는 가정 13년(1534) 안동 광흥사(廣興寺)에서 「북두칠성공양문(北斗七星供養文)」이라는 이름으로 개판된 것이다.(도 51) 광흥사에는 가정 41년(1562년)에 만들어진 〈성수제문(星宿祭文; 『부모은중경』 권말 부록)〉도 남아 있어 당시 사찰에서 성수

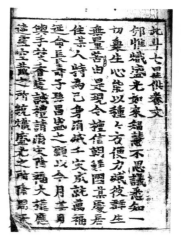

도 51. 〈북두칠성공양문〉, 1534년, 광흥사(光興寺) 개판.

난관음 신앙을 티베트계 영향을 받은 명대 불교 신앙이 전래된 것으로 추측한다 (김정희, 앞의 논문(2002), 29-33쪽 참조).

209 남희숙, 「16~18세기 불교의식집의 간행과 불교대중화」, 『한국문화』 34, 2004.12, 97-98쪽.

와 관련된 불사에 의례집 이용이 활발하였음을 알 수 있다.[210]

묵재 이문건(黙齋 李文楗, 1494년-1568년)이 쓴 일기를 보면 병든 아들의 액을 풀기 위해 그는 집안의 원당(願堂) 역할을 하던 사찰인 안봉사(安峰寺) 동암(東庵)에서 칠성제를 올렸다.[211] 이문건의 아내가 맹인 점쟁이의 말을 듣고 가족을 위해 안봉사에서 올렸던 성제(星祭)도 칠성 기도인 것으로 추정된다. '제물을 갖춰 절에서 지내는 제를 세간에서는 칠성제라고 한다.'는 문장을 통해 당시 사찰에서 액막이 기도법으로 칠성 기도가 유행하였음을 짐작할 수 있다.

칠성 기도에 사용되는 「북두칠성공양문」에 의하면 사찰 성수의례는 〈치성광법식〉이 아닌 〈칠성청문(七星請文)〉에 따라 의식을 집행한 북두칠성 의례다. 이 법식은 북두가 주재하는 본명 신앙이 주된 내용으로 치성광여래 신앙이 칠성 본명 신앙과 습합되는 과정에서 변용된 것이다. 해당 법식 또한 치성광여래를 청불하고 있으나 신앙에서 주류를 형성하게 된 북두칠성이 주요한 의례 대상으로 청해져 〈북두칠성공양문〉이라는 의례명이 붙여졌다. 예불하는 본존 부처의 명호를 따라 의식의 명칭이 정해지는 것이 일반적임을 고려하면 의례집명을 〈북두칠성공양문〉이라 칭하고 더욱이 「치성광다라니경」이 있음에도 불구하고 「불설북두칠성연명경」을 독경하였다는 사실은 이례적인 현상이다. 이러한 현상은 불화의 화기(畵記)에서도 나타나는데, 정희왕후의 구병을 위해 그려진 제석천도 화기에서 〈약사여래도〉는 「약사경」과 조합을 이루고 있지만 〈치성광여래도〉는 「치성광다라니경」이 아닌 「연명경」을 인경하고 있다.[212]

---

210 임기영, 「안동 광흥사 간행 불서의 서지적 연구」, 『서지학연구』, 2013, 453, 466쪽.
211 이문건, 『묵재일기』, 1554.8.9, '爲子有厄, 備祭物送安峯寺, 使祀星宿, 俗稱七星祭也。米五斗、白木綿布卅七尺、衣一領、香燭等物, 貴孫持往, 載馱而去.'

조선 시대가 되면 치성광여래 신앙은 기원 대상이 변화하는 경향을 보인다. 기원하는 바가 소재길상보다는 연수와 깊은 관련을 갖게 되고 북두가 주재하는 본명 신앙이 대중의 호응을 받게 되면서 치성광여래 신앙이 북두칠성 위주로 바뀌어 가는 변화가 나타난다. 예불의 실질적인 대상은 북두칠성이었기 때문에 의식에서 독경되는 경전은 「치성광다라니경」이 아닌 북두칠성이 주존으로 등장하는 「연명경」이 되었고, 점성과 관련된 성격은 희미해져 십일요와 십이궁의 존재가 기원 대상에서 사라지게 된다.

한국 치성광여래도의 도상은 시대에 따라 화면의 구성 요소가 변화하는 특징을 보인다. 고려 시대 그림에서는 밀교 의궤에 의거한 정통성이 드러나며 구요가 정확히 묘사되었지만 조선 시대에는 칠성이 신앙의 전면에 등장하여 다양한 칠성의 모티프를 표현한 작품들이 제작되었다. 조선 전기 치성광여래도상에는 약사 신앙과의 관련을 대변하는 칠성여래가 주요한 주제로 무게 있게 다루어지고 있다. 조선 후기에 이르면 자미대제를 비롯한 도교 성수 신앙이 적극적으로 반영되면서 도상에서 도불 이원론적인 구도가 형성되게 된다.

북두칠성에 신앙의 초점이 맞춰진 불교 의식문인 〈북두칠성공양문〉의 출현에 따라 16세기 새로운 치성광여래도상이 만들어졌음을 보여주는 예가 일본 보주원(寶珠院) 소장 〈치성광여래설법회도〉이다.[213](도 52)

---

212 정진희, 「여말선초 치성광여래 신앙과 도상의 전래-『고려사』 기사를 중심으로-」, 『한국고대사탐구』 제20호, 2015, 255쪽. "…顧畵成(藥)□ 如來熾盛光如來千手八難□ 音十六大聖三帝釋幀又□ □□藥師經七星經各一□ 成各三十件……".

213 일본 다문사(多聞寺)에 소장된 가정 20년명(嘉靖, 1541년) 〈치성광여래설법회도〉에는 협시 보살과 제성중(諸星衆)은 그려져 있으나 칠성여래는 도설되어 있지 않다.(차재선, 앞의 논문(1987), 31-32쪽) 현재 해당 작품은 확인이 불가능한 상태로 단언하기는 어렵지만 이 작품에 칠성여래가 없다면 치성광여래도상에 칠

도 52. 〈치성광여래설법회도〉, 16세기, 마본 채색,
98.8×78.8cm, 일본 아이치현 보주원(寶珠院)(출처: 정우택).

16세기 중반 제작된 것으로 추측되는 이 그림은 현존 유일의 조선 전기
설법도 형식 도상으로 이후 동일 도상 불화의 범본이 되었을 뿐만 아니
라, 존명을 적어 놓은 방기가 있어 조선 시대 치성광여래도의 도상학적
규명에도 아주 중요한 역할을 한다.[214] 화면 중앙에는 치성광여래가 가

성여래가 등장하기 시작하는 때는 칠성 의식집이 유포된 이후일 것이며, 소의
경전(所依經典)에 따라 작품이 제작된 것으로 보는 것이 타당할 것이다.
214 정우택, 「日本 아이치현 지역 조선시대 전기 불화의 조사 연구」, 『미술사논단』

부좌를 튼 채 연화대좌에 앉아 있고 그 좌우로 협시보살이 있으며 화면 상부에는 가부좌로 앉은 칠성여래가 일렬로 배치되었다. 치성광여래삼 존을 중심으로 보살형으로 표현된 동·서·남·북방칠수 네 무리의 이십 팔수와 경상형의 좌우 보필성, 삼태육성이 그 주위를 둘러싸고 있다. 16세기 이전과는 달리 치성광여래를 그린 불화에서 더 이상 구요의 모 습은 보이지 않으며 이 그림에 그려진 치성광여래삼존과 칠성여래, 이 십팔수와 삼태육성, 보성과 필성 역시 모두 〈칠성청문〉에서 소청 대상 으로 언급되는 성신들만으로 구성되어 이전 시기의 도상과 차이를 보 인다.

2. 칠성각부도(七星各部圖)로 살펴본 불교의 본명 신앙

고려 시대 불교 점성 신앙을 대표했던 구요 본명 신앙은 조선 시대 에 들어서면서 북두 본명 신앙으로 변화해가는 모습을 보인다. 조선 후 기 치성광여래도상에서 한 화면에 치성광여래와 칠성을 비롯한 모든 성수들이 총망라된 도상이 불교 성수 신앙 전반을 포괄하는 개념을 바 탕으로 제작된 것이라면, 북두칠성의 모티프만으로 구성된 각부도상은 본명 신앙의 전통이 직접적으로 표현된 도상이라 할 수 있다.[215] 칠성이 각각의 화폭에 나뉘어 그려진 칠성각부도는 칠성이 십이간지 각각의

33, 2011. 12, 241-250쪽. 본존의 형상과 금니를 적극 사용한 채색법 등에 근거 해 16세기 중반으로 제작 시기를 추정하고 있으며, 1733년 수리하면서 붙여진 「삼태칠요이십팔수만다라(三台七曜二十八宿曼茶羅)」라는 명칭으로 소화 56년(昭 和, 1981년) 3월 16일 지정문화재가 되었다.

215 칠성각부도상과 관련하여 정진희, 「고성 옥천사 연대암 치성광여래도 도상연구- 칠성각부도상을 중심으로」, 『동악』 27호, 2020, 61-88쪽 참조.

해당 연도에 태어난 사람의 운명을 주재한다는 본명 신앙에 의거해 만들어졌는데, 그 원류는 구요가 십이궁 별자리를 지배한다는 서역 점성 신앙과 같다. 따라서 도상의 구성 또한 출생 연도에 따른 각각의 기도를 위해 개별적인 화면으로 분리되어 구성되어 있다.

칠성각부도상은 16세기 출경 된 〈연명경〉에 사용된 삽도에 바탕을 두고 있다.[216] 해인사에 소장된 16세기 『연명경』의 변상 판화는 경전의 소청 대상에 따라 구성된 칠성각부도의 시원 양식을 잘 보여준다. 변상 판화 첫 장에는 제목과 함께 치성광여래와 협시보살로 구성된 치성광 여래삼존이 배치되었고 나머지 일곱 장에는 칠성여래와 피발형 칠성들이 상하로 짝을 이룬 조합으로 화면이 구성되었다. 세부를 살펴보면 일곱째 별에 해당하는 칠성여래의 명호는 약사유리광여래불(藥師瑠璃光如來佛)이기 때문에 삽도의 칠성여래도 약합을 가진 형상이다. 그 아래로는 〈칠성공양문〉의 내용에 따라 약사유리광여래불과 짝을 이룬 파군성(破軍星)이 피발형의 두발형태를 하고 홀을 쥔 모습으로 서 있다.[217](도 53)

현재 사찰이나 박물관에 채색 불화로 소장된 470여 건의 치성광여

---

216 만력 8년(萬曆, 1580년)에 충청도 은진(恩津)현 쌍계사(雙溪寺)에서 간행된 〈북두 칠성연명경〉 판본은 광흥사에서 개판된 〈북두칠성공양문〉과 같은 내용에 치성 광여래와 칠성여래 각부변상도를 첨부한 구성으로 인각된 판본이다; 도교 칠성 경인 〈연생경〉에도 '北斗第一陽明貪狼太星君子生人屬之. 北斗第二陰精巨門元星君丑 亥生人屬之. 北斗第三眞人祿存貞星君寅戌生人屬之. 北斗第四玄冥文曲紐星君卯酉生人 屬之. 北斗第五丹元簾貞星君辰申生人屬之. 北斗第六北極武曲紀星君巳未生人屬之. 北斗第七天關破軍關星君午生人屬之.'으로 본명성신에 관해 불교의 〈연명경〉과 같 은 내용을 언급하고 있다.

217 칠성여래의 명호는 약사칠불 가운데 보월지엄광음자재왕(寶月智嚴光音自在王) 여래, 금색보광묘행성취(金色寶光妙行成就) 여래, 무우최승길상(無憂最勝吉祥) 여 래, 법해승혜유희신통(法海勝慧遊戲神通) 여래, 약사유리광(藥師瑠璃光)여래와 존 명이 동일하다.

도 53. 〈불설북두칠성연명경〉 변상도, 1580년.

래도 가운데 여러 폭으로 제작된 〈칠성각부도〉는 27건 정도이고 그중 20세기 이전의 작품은 10여 점에 불과하다.[218] 1801년 경상도 기장현

---

218 20세기 이전에 제작된 칠성각부도는 1739년 태안사 성기암, 1850년 동화사 서별당, 1860년 능가사 수도암, 1861년 범어사 극락암, 1861년 통도사 함풍 11년명, 1866년 통도사 동치 5년명, 1867년 송광사 자정암, 1876년 동화사 내원암, 1877년 백양사, 1877년 진주 청곡사에서 제작된 작품 등이 있다. 19세기 〈치성광여래도와 칠성각부도〉를 정리하면 다음과 같다.

봉안처	조성 시기	화승(畵僧)	비고
태안사 성기암	1739	亘陟	
동화사 서별당	1850	우희, 永和	
동화사	1857	하은당 응상, 덕유	
능가사 수도암	1860	기연, 선종	
범어사 극락암	1861	선종, 봉련	밀양 표충사 조성
통도사	1861	晟□, 聖海	함풍 11년명
통도사 안양암	1866	응상, 영담. 선종	동치 5년명
송광사 자정암	1867	기연, 영담, 선종	

(機張縣)으로 유배를 떠났던 심노숭(沈魯崇, 1762-1837)의 기록에 의하면 정초 새벽에 일어나 의관을 정제하고 칠성전으로 가서 치성광여래불상과 좌우의 칠원성군상을 바라보며 기도하는 것이 기장현의 토속이라 하였다.[219] 심노숭이 찾아간 장안사의 칠성전에는 치성광여래와 칠성을 나눠서 그린 여덟 폭의 족자가 걸려 있었고 그 앞에는 중앙의 치성광여래불을 중심으로 명호 표식을 가진 칠원성군이 순서대로 안치되어 있었다 한다.[220] 〈칠성각부도〉가 제작되고 봉안된 사찰들은 대부분 서울과 경기지역이 아닌 전라도와 경상도에 위치하는 특징을 보인다.[221] 19세기 도교 칠성 신앙의 색채가 짙은 서울·경기 지역에서는 그

취정산 내원암	1868	寬虛, 宜官	도봉사 소장
운문사	1868(추정)	응상	
동화사 내원암	1876	대전, 의관	
청곡사	1877	기전, 영선	
백양사	1877	東昊堂 震徹	울릉군 대원사 소장
파계사 금암	1887	응상, 법임, 한규	
동화사 부도암	1900	碧山□□(용화?)	熾盛會各部

219 심노숭, 『남천일록(南遷日錄)』, 권4, 1801년 12월 27일, '土俗或多過歲於山寺, 齋戒供養, 以邀新年之福, 吾可以爲公直指, 非但見誠而求應, 亦可寓情而破愲'.

220 심노숭, 위의 책, 4권, 신유년 12월 29일, '從閣後小北, 透有小閣, 丹碧榜七星殿, 安八畵族, 佛像居中, 眞君叙次, 星號各有表識'; 5권, 임술년 1월 1일, '…引至七星殿開門, 僧徒入參, 掛像前, 各設一燭臺·一燈盞,…進俱飯佛像前, 三大鍮鉢明水一鉢, 七星像前, 各一磁鉢, 明水一磁鐘, 余就焚香佛前, 還就安疏床前'; 8권, 계해년 1월 28일, '已設燈佛前及七眞君前'.

221 『유점사본말사지(楡岾寺本末寺誌)』, 아세아문화사, 1977. 순조가 하사한 열 폭의 〈칠성도병풍(七星圖屛風)〉[(가경 10년(嘉慶, 1817년)]이 사찰 귀중품으로 기록되어 있다. 이 그림의 구성에 대한 언급이 없어 확실하지는 않지만, 다폭(多幅)으로 그려졌다는 점으로 미루어 볼 때 칠성각부도일 가능성이 있어 서울과 경기지역 각부도의 사례로도 볼 수 있을 것이다. 수도권 지역에 각부도상의 사례가 드문 까닭은 사찰·전각 등을 새로 조성하는 과정에서 기존에 있던 작품들이 새로운 것으로 대체되었기 때문일 것이다.

도 54. 〈치성광삼존과 칠성각부도〉, 1876년, 비단 채색, 동화사 내원암 관음전.

사례가 드문 칠성각부도가 경상도와 전라도에 남아 있는 연유는 불교 성수 신앙의 전통이 고수되었기 때문으로 사료된다.

치성광여래와 칠성각부도로 구성된 불화를 전각에 봉안하는 방법은 일반적으로 치성광여래 삼존과 제요성수를 한 폭에 그린 치성광여래도를 중앙 불단 후불도로 배치하고 그 좌우로 칠성여래와 칠원성군이 함께 짝을 이룬 칠성각부도를 거는 것이다. 치성광여래도 좌측으로는 양을 의미하는 1·3·5·7에 해당하는 칠성각부도가, 우측으로는 음을 의미하는 2·4·6의 칠성각부도가 각각 나뉘어 봉안된다. 여러 폭으로 이루어진 치성광여래도와 칠성각부도는 구성 형태 면에서 일곱 폭, 아홉 폭, 열한 폭 등의 다양성을 보이며 20세기 작품에서는 세 폭으로 제작된 사례도 나타나고 있다.(도 54)

칠성각부도는 각자의 출생에 따른 개별적인 기도를 위하여 도상이 각각의 화면으로 분리 구성된 것이므로, 불화의 제작을 위해 시주자들은 각각의 본명에 해당하는 칠성도를 제작하는 데 보시하여 소재구복을 염원하였다. 예를 들면 1850년 성월당 우희(性月堂 宇希)가 그린 대구 동화사(桐華寺) 서별당(西別堂) 〈제이광음자재여래거문성군도(第二光音自在如來巨文星君圖)〉의 화기를 보면 시주자로 기록된 '癸亥生·璘洽·

도 55. 동화사 서별당 〈칠성각부도〉
부분, 비단 채색, 120×69cm, 1850년,
대구 동화사 박물관
(출처: 불교문화재연구소).

도 56. 〈불설예수시왕생칠경
(佛說預修十王生七經)〉, 1618년.

乙丑生·金喆敦·癸亥生·崔氏·丁丑生·金甲龍'은 모두 칠성의 두 번째 별이
본명이 되는 소띠와 돼지띠에 해당하는 사람들이다.[222](도 55)

　　불화 가운데 칠성각부도와 같이 각부로 구성되는 작품으로 열명의

---

222 〈북두칠성연명경〉과 도경인 〈북두칠성연생경〉에 소개된 십이지에 따른 본명에
해당하는 칠성의 순서를 정리하면 아래 표와 같다.

칠성	1	2	3	4	5	6	7
십이지	子	丑/亥	寅/戌	卯/酉	辰/辛	巳/未	午
공양물	黍	粟	粳米	小豆	麻子	大豆	小豆

명부대왕을 그린 〈시왕도(十王圖)〉가 있다. 일반적으로 시왕도는 망자가 저승의 명부로 가는 도중 죄업을 심판하는 열 명의 시왕 앞에서 재판을 받게 된다는 내용을 도해한 불화로 풀이된다. 죽은 부모나 친지 등을 위해 지내던 명부의 제사는 본인 생전에 미리 자신의 재를 직접 지내는 예수재(預修齋) 형식으로 발전하였고, 사후 세계의 안위를 보장하는 예수재의 공덕에 대하여 일반 대중들도 큰 호응을 보였다.[223]

생전예수재와 관련한 불교 의식은 조선 전기부터 거행되기 시작한다.[224] 이는 〈북두칠성공양문(北斗七星供養文)〉이 출판되어 칠성 의례가 집전되기 시작되었을 것으로 추정되는 시기와 유사하다. 생전 예수재에서 신도들은 자신의 연령에 따른 육십갑자에 해당하는 행렬을 이루어 사후의 최종 심판관인 각 명부시왕에게 공양하는 의식에 동참한다. 광해군 2년(1618년)에 송광사에서 출간된『불설예수시왕생칠경(佛說預修十王生七經)』의 말미에는 자신의 띠에 해당하는 판관에게 전생의 빚을 갚기 위한 공양물을 올리는 방법을 알려 주는 〈십이상속도(十二相續圖)〉가 실려 있다.[225] 무속에서 조상의 영혼을 천도하기 위한『조상경(祖上經)』의 〈육갑해원경(六甲解冤經)〉에도 육십갑자별로 명부의 시왕들에게 매인 영혼들을 천도하고 해원을 시켜 극락왕생을 기원하는 내용이 수록되어 있다.[226](도 56)

---

223 김정희,『조선시대 지장시왕도 연구』, 일지사, 1996, 18-19쪽.

224 곽성영(승범), 「생전예수재의 현장론적 이해와 의례의 축제성 연구」, 동방문화 대학원 대학교 박사학위논문, 2017, 20-24쪽.

225 국립 중앙 도서관 소장『불설시왕생칠경(佛說十王生七經)』[청구기호 古貴(1741-40)], 59-65쪽.

226 정진희, 앞의 논문(2017_a), 125-130쪽, 조선 후기 무속에서 독경을 위해 사용되던 경전에는 불교와 무속이 혼합된 합경이 다수 존재했고 이는 다시 불교 교단으로 전해져 사찰에서 관련 의례에 사용되는 사례를 낳게 된다.

1744년 〈옥천사(玉泉寺) 시왕도〉를 비롯하여 1771년 〈수다사(水多寺) 시왕도〉, 1855년 〈화방사(花芳寺) 시왕도〉 등의 화기를 보면 시주자들이 각각의 출생 간지에 따라 그에 해당하는 명부시왕도의 제작에 시주했다는 기록이 있어 시왕과 육십갑자의 연관이 불화의 조성에도 접목되었음을 보여 준다.[227] 서울 동작구 사자암(獅子庵)에 소장된 〈지장시왕도(地藏十王圖)〉처럼 『불설예수시왕생칠경』의 십이상속에 해당하는 육십갑자를 적은 종이를 따로 시왕의 도상 옆에 붙여 놓은 사례도 있다.(도 57) 조선 후기 시왕과 칠성도의 사례를 참조한다면 각부로 불화가 조성되었던 목적이 본명과 육갑 등으로 세분화하여 진행되었던 개별적인 기양 기도와 무관하지 않음을 짐작할 수 있다.

18세기 피발형으로 표현되던 칠성의 모티프는 19세기 그림에서는 동자형·경상형 등으로 다중화되어 칠성여래 좌우의 성중과 같이 배치되고, 화면에서 칠성여래의 비중도 커지는 변화가 나타난다. 칠성각부 도상에서 칠성여래가 중요하게 다루어지는 현상은 약사칠불과 관련한 신앙의 정통성에 따른 영향을 받은 결과로 생각해 볼 수 있다. 또 칠성의 모티프가 중첩된 까닭은 동서남북 어디에나 칠성이 있다는 오두존령(五斗尊靈) 사상의 영향에서 답을 찾을 수 있을 것이다.[228] 더불어 칠

---

227 옥천사 시왕도 가운데 제5 염라대왕도의 시주는 경자년 출생한 갑계원들이 시주하였고 제8 평등대왕도는 병오년 갑계원들의 시주로 조성되어 있다. 이는 명부시왕과 그에 소속한 육갑에 따른 것이다.

228 정진희, 앞의 논문(2017_a), 115-116쪽. 468쪽. 조선 후기 칠성의 모티프가 중복적으로 표현되는 현상은 북두칠성 신앙에 대한 대중의 적극적 호응을 계기로 한 오두존령 체제에 따른 북두칠성의 분파·확대 양상을 나타낸 것이다. 1845년 대흥사(大興寺)와 신흥사(新興寺)의 〈치성광여래도〉에서 경상형 칠성의 모티프가 3중으로 도해된 이유를 동두칠성(東斗七星)과 서두칠성(西斗七星)을 함께 표현했기 때문으로 해석한 연구 결과도 있다.

도 57. 〈사자암 지장시왕도〉, 비단 채색, 133.2×172.7cm, 1846년, 서울 동작구 사자암.

성각부도상의 조성 목적이 본명 소재 신앙에 있다는 사실을 염두에 두면, 신자들의 십이 간지에 따른 개별적 기도를 위한 의식용 불화의 구성적 완성도를 위해 칠성여래를 주존불로, 칠성 모티프를 협시 성중으로 묘사했을 가능성도 생각해 볼 수 있다.

응상(應祥)이 1866년에 그린 통도사(通度寺) 안양암(安養庵) 북극전의 〈치성광여래와 칠성각부도〉는 기존의 칠성각부 도상과는 달리 하나의 화면에 층을 나누어 연화대좌에 결가부좌를 튼 모습의 칠성여래와 정면을 향한 채 의자에 앉은 칠원성군을 같은 비중으로 묘사하였다. 불화에서 부처와 함께 그려진 존상이 정면을 향해 전신교의좌상(全身交椅坐像)으로 표현된 예는 극히 드물다. 때문에 통도사 안양암 〈칠성각

부도〉에서는 칠원성군이 주요한 주제로 다루어지고 있음을 짐작할 수 있다.[229]

　　1869년 금강산 유점사에서 개판된 「약사유리광칠불본원공덕경((藥師琉璃光七佛本願功德經)」의 서문을 보면 불교 교단에서 도교의 칠성 신앙과 도가의 태상노군이나 원시천존 같은 존상들을 신봉하는 현실에 대해 비판하고 있다. 아울러 불교 본연의 칠성 신앙으로 돌아가자는 자성적 내용이 적혀 있어 당시 칠성 신앙에 나타난 도교 성수 신앙의 영향이 잘 드러나고 있다.[230]

　　19세기 중엽 불교 교단에 도교와 불교의 칠성 신앙이 공존하고 있었던 사실은 영국 박물관 소장품으로 함풍 연간(咸豊, 1850년-1860년)에 그려진 〈치성광여래도〉를 통해서도 살필 수 있다. 해당 작품의 화면 상단 양쪽 끝에 마련된 붉은색 구획에는 향 우측에 '금륜보계소재성원 치성광여래불(金輪寶界消災成願熾盛光如來佛)'과 '중성환공북극진군자미 대제(重星環拱北極眞君紫微大帝)'라고 주존들의 명호가 기록되어 있어 불교와 도교의 북극성을 의미하는 2위의 존격을 중심으로 그림이 구성 되었음을 분명하게 나타내고 있다.[231]

---

229 불화에서 존상이 전신교의좌상으로 표현되는 작품으로는 〈신중도(神衆圖)〉의 제석천을 들 수 있다. 안양암 〈칠성각부도〉의 칠원성군 모티프는 신중 신앙으로 신행되던 칠성 신앙의 전통이 도상에 반영되어 나타났을 가능성도 있지만 도교의 제존도(諸尊圖)에서도 존상들이 정면의좌상(正面椅坐像)으로 표현되고 있기 때 문에 도교 도상의 영향도 고려해 보아야 할 것이다; 정진희, 앞의 논문(2017_a), 197쪽, 223-224쪽. 고려와 조선 전기 〈치성광여래 강림도〉에는 제석천이 그려졌 으며 〈신중청문〉에서도 제석과 성수들은 중단(中壇)에 호명되는 천신들이다.

230 정진희, 앞의 논문(2017_a), 115-116쪽.

231 문화재연구소, 『영국박물관 소장 한국문화재』, 2016, 196쪽.

3. 도교 성수 신앙의 영향과 수성노인

도 58. 불암사 〈치성광여래강림도〉, 견본 채색, 191.5×192cm, 1855년,
불암사 칠성각(출처: 불교문화재연구소).

　19세기 중반의 치성광여래도상에는 신중(神衆)적 성격을 보였던 조
선 중기 신앙의 특징이 반영되어 자미대제를 중심으로 한 칠원성군의
모습이 화면에 그려져 있다. 불교 치성광여래 신앙의 범주에 자미대제
와 칠원성군으로 이루어진 칠성 신앙의 구성체가 모습을 나타내었던
이유에는 18세기 불교 칠성 신앙에 영향을 미쳤던 도교 성신 체계가
자리하고 있다.[232] 불화의 화면 또한 치성광여래를 중심으로 한 불교적
내용과 자미대제를 중심으로 한 도교적 내용을 다룬 도불 이원 체제를

보이며 구성되었다. 교리적 차이를 나타내는 양분된 화면 구도는 1850
년 불암사(佛巖寺) 〈치성광여래도〉를 비롯한 여러 작품에서 보이는 드
물지 않은 형태이다.(도 58) 조선 후기 불교의 칠성 신앙은 도불의 구분
이 무의미할 정도로 혼습된 양상을 보였고, 그 영향으로 현재까지 불교
의 칠성 신앙은 도교적 범주에서 인식되고 있다.

조선 후기 도교 성수 신앙의 대중화는 도교와 불교의 칠성 신앙이
혼용되는 원인 가운데 가장 큰 비중을 차지한다. 〈홍천사칠성각중창단
확기문(興天寺七星閣重創丹艧記文, 1870년)〉에 의하면 조선 후기 서울과
경기 지역 사찰의 칠성각에서 올렸던 칠성 기도는 도교 성수초례와 같
은 성격으로 이해되고 있었다. 당시 서울·경기권 사찰에 칠성각이 많았
던 까닭은 왕실의 안녕과 수복을 기원하는 도교식 성수 기도였던 성수
초례가 소격서(昭格署)의 혁파로 인해 사찰로 전승되었기 때문으로 풀
이되고 있다.[233]

소격서가 해체 이후 왕실과 지배층의 소재길상을 위해 송경(誦經)을

---

232 정진희, 앞의 논문(2017_a), 229-230쪽. 1826년 운문사본 『작법귀감(作法龜鑑)』의
〈칠성청작법(七星請作法)〉에는 소청 대상으로 헌좌안위(獻座安位)에 치성광여래,
북두칠성존과 더불어 천중대추성(天中大樞星)인 자미대제와 북두칠원성군이 언
급되어 있다.

233 『한국의 사찰문화재—서울특별시 자료집』(대전; 문화재청, 2013), 165쪽. '國朝
職官巧舊有昭格署主醮星凡官中祈禱之事隸焉始則祗肅齊敬有昭格署之實中而嫚下而賣
而褻恭僖朝因諫臣言暫廢昭敬王壬辰以後不復設自此士大夫不復祈禱之事.今上六季余以
貞寢卽行山至興天寺……僧之家余聞鄕外諸大利俱無所謂七星閣者惟京城諸寺或有之無
乃昭格署罷而宮中祈禱姑寓之於是與不肰何鄕外諸寺之無而京城諸寺獨有與且僧家何乎
醮星僧有道岸者前而謝曰有是哉祇怪甚無諸古也.且請祝祇主上殿下萬億季壽者必于是
也. 京城諸寺之有七星閣爲宮中祈禱而設者無疑矣.則七星閣其昭格署之遺乎…'; 1849
년 성혜조사(性慧祖師)가 창건한 적조암(寂照庵)은 1846년 국가를 위한 기도처로
건립된 칠성각이 시초이다;〈경기우도양주목지삼각산홍천사요사중창기문 현
판〉'…憲宗丙午啓壯師先建七星閣而作爲國祝禧之所…'.

담당했던 도류승(道流僧)들의 주요 활동 대상은 서민 계층 일반으로 전환되었다. 그들이 민가에서 안택 기도에 사용했던 경전들은 도교와 불교가 혼합된 합본 경전이 많았고 이들의 소재길상 기도는 대중 사이에 호응이 높아 민간으로 도교의 성수 신앙이 자리 잡게 되는 계기를 낳았다.

도교와 불교의 칠성 신앙이 섞이게 되면서 도교의 『연생경』 또한 사찰에서 간행되며 불교 예불 방식을 차용한 내용이 수록되기도 하는 등의 변화가 발생하였다.[234] 1661년 천관사(天冠寺) 판본에서부터 1864년 삼각산(三角山) 도선암(道詵庵) 판본까지 『연생경』의 구성 변화를 살펴보면 도불 칠성 신앙이 혼용된 『연생경』은 17세기 후반에서 18세기를 즈음하여 나타난 것으로 추정된다.[235]

삼각산 도선사에서 만들어진 『연생경』은 칠성 신앙의 도불 습합 현상을 잘 보여주는 사례다. 이 경전은 순원왕후(純元王后)의 동생으로 세도 정치의 중심에 있었던 김좌근의 시주로 철종 14년(1864년)에 조성된 것이다. 『연생경』은 경명에서도 알 수 있듯이 사람의 운명을 주재하는 북두칠성 각각의 별을 공양하면 수명과 복록이 따른다는 도교의 북두 본명 신앙을 다룬 경전이다. 불교에서 칠성 의례를 올릴 때 사용하기 위해 만들어진 『연명경』이 있음에도 불구하고 사찰에서 도교의 경

---

234 조선 후기 『연생진경』이 인경되거나 판본으로 제작된 사례로는 순치 18년(順治, 1661년) 천관사(天冠寺) 목판본을 시작으로 보현사(普賢寺)본(1680년), 송광사(松廣寺)본(1699년) 등의 17세기 출판물과 모악산(母岳山) 금산사(金山寺) 판본(1701년), 천복사(天福寺) 판본(1715년) 등 5여 종의 18세기 판본들을 들 수 있다. 19세기 사찰 판본으로는 삼각산 도선암 판본이 남아 있으며 의정부 망월사(望月寺)와 구례 화엄사(華嚴寺), 순천 송광사에도 목판이 소장되어 있다.

235 칠성 신앙의 도불 습합과 관련해서 정진희, 「조선 후기 칠성 신앙의 도불습합 연구-도선암본 〈태상현령북두본명연생진경〉을 중심으로-」, 『정신문화연구』 제42권, 2019 참조.

전을 목판으로 조성해 출간한 까닭에는 당시 불교 교단에 만연했던 도교 성수 신앙의 영향이 있었기 때문이다.

칠원성군 각각이 인간 세상의 길흉화복을 주재한다는 믿음에는 권선서(勸善書)의 영향도 존재한다. 권선서 가운데 가장 널리 알려진 『경신록(敬信錄)』의 〈태상감응편(太上感應篇)〉은 태상노군(太上老君)을 설법의 주체로 삼아 사람의 허물을 살핀다는 사과신(司過神) 이야기를 통해 사람들을 계도하고 있다.[236] 이 글의 주된 내용은 도덕의 모범으로 위로는 사대부에서 아래로는 서민들에게까지 잘 알려진 권선징악(勸善懲惡) 사상이다. 선을 행하는 것을 장려하는 권선서적인 색채가 짙은 〈태상감응편〉에서 인간의 선악공과를 살핀 신들로부터 보고받아 인간 운명을 주재하는 최고신은 태상노군이다. 이는 『연생경』의 체제와도 일맥상통하는 바가 있어 조선 후기 사찰에서 출간된 『연생경』 중에는 권선서의 의미를 확대해석하고 있는 것들도 많다.[237]

1880년 고종의 명으로 권선서류의 경전이 다시 간행되었던 사실은 19세기 말 사회를 지배했던 도교적 분위기를 충분히 느끼게 해준다. 국가 차원에서의 도교 경전 발간은 왕실을 비롯한 권력층이 도교 사상에 적극적·호의적 태도를 보였음을 의미하며 지방보다는 서울을 중심으로 한 수도권에서 더 활발히 진행되었다.[238] 이러한 사회적 분위기로 인해

---

236 박재연, 『태상감응편(太上感應篇)』(중앙인서관, 1935) 3쪽. (국립 중앙 도서관 소장본) "又有三台 北斗神君 在人頭上 錄人罪惡 奪其紀算." 삼태(三台)와 북두신군(北斗神君)이 있으니 항상 사람의 머리 위에 있어서 그의 죄악을 기록하여 기(紀)와 산(算)을 빼앗는다.'라 하여 사람의 수명을 좌우하는 신들 가운데 삼태신과 북두신군을 첫 번째로 들고 있다.

237 정진희, 앞의 논문(2017_a), 134-135쪽.

238 이태희, 「조선후기 선서의 수용과 유행의 요인-〈增訂敬信錄〉과 〈경신록언석〉의 내용 분석을 중심으로」, 『국제어문』 69, 2016. 참조

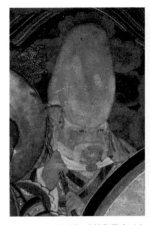

도 59. 수성노인(壽星老人),
〈치성광여래회도〉부분,
옥수동 미타사 칠성각.

도 60. 화계사(華溪寺) 치성광여래강림도, 1861년,
견본 채색, 168.5×188.5cm, 가평 현등사
(출처: 불교문화재연구소)

19세기 후반 불교의 칠성 신앙은 신앙의 정통성을 지켜야 한다는 교단적 차원에서의 각성이 나올 만큼 심각할 정도로 도불 혼습이 이루어진 상황이었다. 그 결과 양 종교간 구분이 모호해진 환경에서 사찰의 칠성기도에는 도경인 『연생경』이 사용되었고 치성광여래도상에는 경전의 설주(說主)인 태상노군이 수성노인의 모습으로 등장하게 되었다.(도 59)

현존하는 치성광여래도 가운데 수성노인이 등장하는 가장 이른 사례로는 경기도 가평 현등사(懸燈寺)에 소장된 1861년의 〈화계사(華溪寺) 치성광여래강림도〉를 들 수 있다.[239](도 60) 강림 형식으로 그려진 이 그림에서 치성광여래의 광배 향 좌측 자미대제와 대칭을 이루는 위치에 정수리가 높이 솟은 수성노인이 처음으로 모습을 드러내고 있다. 지방 사

239 박효열, 「조선후기 칠성도 비교연구-전라도 지역과 경기도 지역의 양식 비교를 중심으로-」, 동국대 대학원 석사학위논문, 1998, 61쪽.

도 61. 〈태상현령북두본명연생진경(延生經)〉 삽도.

찰에서 조성된 치성광여래 도상에 수성노인이 등장하는 시기는 서울·경기 지역 사찰의 경우와 10여 년의 시간적 격차를 보이는데, 이는 새로운 도상의 수용에 있어 진보적이거나 보수적인 경향을 보였던 지역적 특성이 반영된 현상으로 사료된다.

동치 3년(同治, 1864년 갑자년) 정월에 도선암에서 판각된 도교 칠성경인 『연생경』에는 〈연명도(延命圖)〉라는 화제를 단 두 점의 변상도가 수록되어 있다. 첫 번째 장에는 피어나는 서운을 배경으로 화면 중앙 단상 위에 '壽'자 모양 손잡이를 한 지팡이를 왼손에 들고서 왼쪽 무릎을 세우고 자리에 앉은 수성노인이 보인다. 그 주위에는 양 갈래로 머리를 높이 묶은 동자들이 번과 일산, 선과가 든 접시 등을 들고 시립하였고, 그 앞으로는 무릎을 꿇고 수성노인에게 법을 구하는 청문자(請文者)가 그려져 있다. 화면 상부 향 좌측에는 학을 타고 강림하는 선인이 등장하는데 〈요지연도(瑤池宴圖)〉에서 학을 타고 내려오는 수노인의 모습과 거의 유사한 형태로 표현되었다.(도 61) 수성노인의 모습을 빌어 태상노군을 직접적으로 묘사한 도선암 『연생경』의 변상도는 도교적 색채가 짙어지던 신앙의 시대적 변화를 잘 보여 준다.[240]

도 62, 〈태상노군과 성수도〉, 1895년, 봉정사 지조암 칠성전 벽화.

봉정사(鳳停寺) 지조암(知照庵)의 칠성전은 1895년 중창된 건물이다. 이 전각의 내부에는 치성광여래와 독성(獨聖), 산신을 그린 불화가 모셔져 있고 좌우 여섯 칸 벽면에는 피어나는 구름들 위에 성신들을 성중으로, 자미대제와 태상노군을 주존으로 구성한 벽화가 그려져 있다. 벽화에 등장하는 모든 인물들 옆에는 방기로 도상명이 기록되어 있어 이들의 정확한 명칭을 확인할 수 있는데, 향 좌측 긴 머리에 흰 수염을 하고 붉은 대수포를 입은 채 미소 짓고 있는 노인의 옆에는 붉은 글씨로 태상노군(太上老君)이라는 방기가 적혀 있다.(도 62)

조선 후기 치성광여래도상은 도불 이원적 구조를 보일 정도로 자미대제(紫微大帝)가 화면의 주요 모티프였다는 사실은 앞서 살펴본 바 있

---

240 치성광여래도에 그려진 수노인 모티프와 관련해서 정진희, 「치성광여래도에 그려진 신선문자도상 고찰」, 『한국민화』 13호, 2020, 138-160 참조.

다. 대중의 시선이 자미대제 중심의 칠성 체제에서 『연생경』을 설한 태상노군을 뜻하는 수성노인으로 옮겨갔던 19세기 중반 이후, 자미대제가 화면 뒤로 물러남과 때를 같이 하여 수성노인이 그림에 등장하고 있다. 이러한 현상은 신앙과 도상이 유기적인 관계를 가지고 변화하고 있음을 시각적으로 뚜렷하게 나타낸다.[241] 칠성 신앙의 시대적 변화에 따른 전반적인 이해가 없었던 일반 대중의 경우 치성광여래도상에 그려진 수성노인을 단순히 연수(延壽)의 의미로만 받아들였을 가능성이 크며, 이는 실제로도 북극성이라는 성신보다 도경의 설주인 태상노군에 대한 대중적 호응이 높았던 사실을 뒷받침하는 근거로 해석될 수 있다.

도경인 『연생경』도 불경인 『연명경』과 같이 개인의 본명에 따라 각각의 본명성에 칠성 기도를 올리는 개별적 기도 방식을 취하고 있다. 그러나 시대가 흐를수록 신도들에게 경전에 따른 교리적 이해를 요하는 칠성 본명신의 개념은 기복적 의미를 함축한 '칠성 숭배'이라는 하나의 목적으로 단순화되었다. 이에 따라 도상에서 치성광여래를 비롯한 성신들의 정체성도 대부분 연수와 기복을 기원하는 신성(神性)으로 귀결되어 갔다. 신앙의 변화에 따라 제작에서도 공간을 차지하는 각부도 형태는 점차 사라지고 칠성을 한 화면에 그리는 설법회도(說法會圖) 형식이 주류를 이루게 되었다.

---

241 정진희, 앞의 논문(2017_b), 95쪽. 조선 시대 신중청문(神衆請文)에서 칠원성군을 주재하는 대표격으로 소청되었던 자미대제가 치성광여래도상에서 비중있게 그려진 현상은 치성광여래 신앙과 신중 신앙의 습합이 반영된 것이다. 이후 조선 후기 신앙에서 연수와 복록을 기원하는 단순한 도교적 성향이 짙어지면서 도상 상에서 자미대제의 비중도 줄어들었다.

4. 풍습에 녹아든 서역의 점성

조선 전기 천문학자로 이름이 높았던 이순지(李純之, 1406년-1464년)가 지은 『선택요략(選擇要略)』은 특별한 일이 있을 때 길일을 택하는 방법을 요약한 역법서이다. 길흉의 방향과 길흉신 등을 논한 이 책에는 〈행년직요기례(行年直曜起例)〉라는 제목 아래 '구요가 사람의 연명(본명)에 도달하면 마땅히 직요(直曜)에게 초제를 마련하고 잘못을 빌어서 재앙을 풀어 화를 면하여야 한다.'라는 내용이 기록되어 있다. 이어서 구요가 직성이 되면 별에 따라 길흉이 나뉘는데

> '행년이 태양에 해당되면 모든 일은 강건하고 벼슬과 녹봉이 오르고 재물이 예사롭지 않다. 화성이 연명에 도달하면 구설로 숨게 되고 피를 흘리는 화를 당하고 손재마저 따른다. 계도를 만나면 목숨을 부지하기 몹시 흉하니 푸닥거리를 하지 않으면 몽롱해져 긴 병을 앓는다. 운세가 태음에 임하면 모든 일이 이루어지고 군자는 벼슬하고 소인은 뜻을 이룬다. 행년이 목성이면 길한 일이 없어지지 않고 재물은 예사롭지 않으니 마땅히 복을 기원하리라. 구요가 펼쳐져 라후가 지나가면 군자는 푸닥거리하여 잘못을 빌어야 재앙과 근심을 면한다. 토성이 내려와 임하면 편치 않은 일이 많아지니 예를 갖춰 잘못을 빌지 않는다면 관재를 입어 자주 형벌을 받는다. 운세에 수성이 더해지면 바라는 것이 이루어지지 않고 은밀한 구설에 휘말리고 수액(水厄)을 입는다. 운세에 태백이 더해지면 질병이 들이닥치니 남자는 죽고 여자는 대액(大厄)을 당한다.'[242]

라고 구요직성에 따른 운세를 설명한 다음 〈구요장결(九曜掌訣)〉이라는

---

242 이순지, 『선택요략(選擇要略)』中卷, 〈행년직요기례(行年直曜起例)〉.

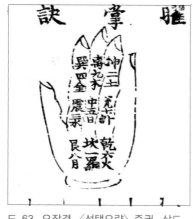

제목을 달아 손을 이용해 직성을 찾아내는 방법도 그림으로 설명하고 있다.(도 63)

　직성을 구하는 방법으로는 아래와 같은 기록이 전한다.

　'남녀를 불문하고 감(坎)에서 시작하여 구궁(九宮)을 한 바퀴 돌면 다시 시작하는데 행년(行年)에 도달한 별이 직성이 된다. 54세 사람이라면 1세에 감궁 라후부터 차례로 나아가 10세에 다시

도 63. 요장결, 〈선택요략〉 중권, 삽도.

감에 이르고 20세에는 곤(坤), 30세에 진(震), 40에 손(巽), 50에 중궁(中宮)에 이르고, 51세에 건(乾), 52세에 태(兌), 53세에 간(艮), 54에 리(離)에 이르니 목성이 직성이 된다.'

　『선택요략』은 조선 전기에 구요 본명 신앙이 직성에 의례를 올리는 성수 신앙의 형태의 풍습으로 전승되고 있었음을 알려준다. 『묵재일기』에서 묵재의 어머니 고령 신씨가 가지고 있던 오래된 직서책(直星冊)을 직접 장책(粧冊)하는 내용은 16세기 조선에서 직성법 관련서가 가정에 비치되어 있을 정도로 직성 소재 기도를 올리는 풍습이 대중적 호응을 받고 있었음을 짐작하게 한다.[243] 『선택요략』에 따르면 직성을 풀려면 푸닥거리를 하여 잘못을 빌어야 재앙을 면할 수 있다. 푸닥거리는 무당이 하는 본격적인 굿과 달리 치료만을 목적으로 하는 간단한 의례를

---

243 이문건, 『묵재일기』, 1556년 5월 20일, '手粧舊陳《直星冊》, 念天只常蓄者故也', 한국학중앙연구원.

의미하는데 대부분 귀신에 의한 액운을 벗어나기 위한 처방책으로 간단한 제물을 주어 잡귀를 떼어 버리는 방법을 취하는 것이 보통이다. 서거정(徐居正, 1420년-1488년)은 『필원잡기(筆苑雜記)』에서

    "우리나라의 소격서(昭格署)와 마니산(磨尼山) 참성(塹城)에서 지내는 초제(醮祭)같은 것은 곧 도가의 일종이다. 서울과 지방을 통하여 항간에서 도가의 복식을 입고 도가의 말을 하는 사람은 없으나 사대부 집에서 매년 정월에 복을 빌고 집을 짓고 수리하는 일에 재앙을 제거하려고 비는데도 반드시 맹인 5·6·7명을 써서 경(經)을 읽는데, 그 축원하는 바가 모두 성수(星宿)와 진군(眞君)의 부류이며 거기에 제공되는 비용이 적지 않으니, 우리나라에 도교가 행하지 않는다고 말한 것은 일을 잘 헤아리지 못한 것이다. 맹인들이 복을 빌고 재앙을 물리치는 것은 옛 사람에게서 본 바 없고, 중국에서도 행하지 않는다. 다만 우리나라 시속에서 서로 전수되는 하나의 고사이다."[244]

라고 말하고 있다. 맹인들이 민가의 도액(度厄)을 염원하며 축원 기도를 올렸던 대상은 소격서에 모셔졌던 구요와 칠성을 포함한 별을 나타내는 신들이었다. 소재길상과 관련된 성수 신앙이 대중으로 전파되는 과정에서는 당시 소격서에서 활동하였던 도류승(道流僧)들이 큰 역할을 하였다. 도류승은 승려처럼 삭발을 하고 승복을 입었지만 실질적으로는 부적 등의 주술과 독경을 주된 업으로 삼았던 맹인 도사와 같은 도류였다. 이들은 실제로 수계(受戒)한 승려가 아니라 조선 시대 '명통사(明通寺)'라는 일종의 국가 복지 기관에 속해 있던 맹인들로 매복업과 독경에 종사했기 때문에 도교의 도류승이라 불렸다.[245] 도류승의 전신

---

244 서거정, 『필원잡기』 2권, '士大夫家每歲初祈福. 若繕修營造等事. 禳災必用盲. 瞽五六七人讀經. 其所祝者皆星宿眞君之類 供費不貲'.

이라 할 수 있는 맹승이 길흉화복을 점치고 주술을 행하며 국가적인 기우(祈雨) 의식에 집단으로 동원된 것은 기록에 의할 때 13세기 후반부터로 보인다.[246] 『용재총화(慵齋叢話)』를 보면 '16세기 도성 안에 장님이 모이는 명통사라는 절이 있으며 그들은 초하루와 보름에 한 번씩 모여 경을 외며 축수하는 것을 일삼았다'고 기록되어 있다. 명통사의 전각에는 작은 종이 있어 도류승들은 사찰 의식에서와 같이 종을 울리며 의례를 행하였다고 한다.[247]

조선 왕실은 소재와 구복을 기원하는 의례에서 도류승을 적극적으로 활용하였다. 세종은 모후의 병세가 위중해지자 소격전에서 잡직 관원으로 일했던 도류승들을 모아 도지정근(桃枝精勤)을 베풀었고 교외로 치병 의식을 나갔을 때도 그들이 앞을 인도하여 행하게 하였으며, 정종은 별궁인 행재소로 향할 때 도류와 승려들로 하여금 주문을 외우게 하였다.[248] 도류승은 공식적으로 소격서에 속한 관원이었기 때문에 주된 업무는 초제 진행 전반을 보조하는 것이었지만 총지종 승려와 같이

---

245 김성순, 「도류승의 정체성과 독경활동: 무경으로 전용되는 경전들」, 『전통문화논총』 16, 2015, 154쪽; 『오주연문장전산고』, 경사편 5, 논사류 1, 〈명통사에 대한 변증설(고전간행회본 권47)〉.

246 『고려사』 세가 권28, 충렬왕 3년 7월, "丙辰 內豎梁善大守莊等告, 慶昌宮主與其子順安公琮謀, 令盲僧終同呪咀, 上命中贊金方慶, 訊之, 不服"; 『고려사』 세가 권29, 충렬왕 6년, 5월, "聚盲僧, 禱雨".

247 『용재총화(慵齋叢話)』 제5권 참조

248 『정종실록』 1년 3월 9일, '在行在所出入, 令道流僧振鐸呪之.'; 『세종실록』 권8, 2년 6월 11일, '聚道流僧十四, 夜設桃枝精勤. 上憂深, 靡神不擧, 乘馹者絡繹不絕.'; 『세종실록』 권8, 2년 6월 21일, '漢城府搜訪得檢校判官鄭苗、僧俗數十人, 遣詣豐壤, 命擇留三四人, 餘皆遣還. 上夜奉大妃微行, 次于離宮南郊二里許草地, 兩大君及淸平、平壤二公主亦從之, 其餘從者男女不過四十人. 鄭苗及道流僧乙乳等前導而行.'; 김성순, 앞의 논문(2015), 159쪽.

주력을 사용한 치병·소재 의례도 병행하였다. 도류승은 고관대작의 집을 방문해 경문을 읽으며 매복을 행한 예도 적지 않았는데『묵제일기』에서도 맹인을 불러 점을 치거나 경을 읽게 하여 액을 물리는 내용이 자주 보인다.

소격서가 혁파된 이후 맹인 도류승들은 관직을 맡을 수 없어 관상감 소속으로 경사를 읽는 등의 공식적 업무를 수행하기 어려웠고, 이는 왕실의 기록에서 도류승을 언급한 내용이 사라져갔다. 그 결과로 그들의 활동 영역은 왕실에서 일반 서민층으로 바뀌었으나 활동 내용은 독경·부적을 이용한 주술·소재 의식 등으로 동일했는데, 이는 무속에서 행하던 의례와도 공통점이 많아 도류승들이 세속에서 맹인 무격으로 활동하는 계기가 되었다. 양난 이후 민간에서 맹인 무격들의 동업자 조합 격 조직이었던 '맹청(盲廳)'이 만들어졌던 것도 도류승의 민간 매복업(民間賣卜業)이 성행했기 때문이었다.[249] 도류승의 주업은 독경이었기 때문에 지방에 따라 독경사(讀經士)·경무(經巫)·경장(經匠)·무격(巫覡) 등으로 불렸으며 의례의 목적에 따라 사용된 경전의 종류도 축사경문·축원문·가신경문·가신풀이·해원풀이 등으로 다양하게 구분되어 있었다.

조선 전기 구요의 액운을 벗어나기 위해 행해졌던 푸닥거리는 '제웅치기' 또는 '타추희(打芻戲)'라는 민속놀이로 후대에 전해지며『동국세시기(東國歲時記)』에 기록되었다.[250] 제웅치기는 그해의 나이가 나후직성(羅睺直星)에 든 사람들이 제웅(芻靈)이라는 허수아비를 만들어 액땜을 하던 풍습을 말하는데 이것을 사투리로 '처용'이라고 하였다. 조선

249 김성순, 앞의 논문(2015), 164쪽.
250 홍석모 찬, 최대림 역해,『동국세시기(東國歲時記)』, 홍신문화사, 1989, 44쪽;『조선대세시기(朝鮮代歲時記)』, 국립민속박물관, 2003-2007, 319-320쪽.

후기 민가에서는 천연두를 앓는 병자가 있으면 추령(芻靈)을 만들어 도액을 염원하였고 이는 신라의 처용이 천연두와 연관성을 갖는다는 사실에 연원을 두고 있다. 짚으로 만든 허수아비인 추령으로 직성을 소재하던 민속놀이인 제웅치기는 나후직성을 달래던 푸닥거리였을 뿐만 아니라 천연두의 치료법으로도 민간에 전승되었다.[251]

제웅치기를 하는 방법은 제웅 속에 액년을 입은 사람의 성명과 출생 간지를 적어 넣고 머릿속에는 동전을 넣어 보름 전날인 14일 밤 초저녁 길에 버리는 것으로『해동죽지(海東竹枝)』에 기록된 제웅치기 방법도『동국세시기』의 내용과 큰 차이를 보이지 않는다.『세시기(歲時記)』에는 '정월 세시풍속으로 악소배들이 몽둥이를 들고 무리를 지어 다니는 것을 나후를 친다고 말한다.' 하면서 나후는 별 이름이라고 풀이되어 있다.[252] 한편『한양세시기(漢陽歲時記)』에는 매년 연초에 그 해 운수를 점치는 '행년직성법(流年直星法)'이라는 풍습을 소개하며 나후직성 뿐만 아니라 구요 전체를 아우르는 소재법을 설명하고 있다.[253] 당시 사람들이 이를 독실하게 믿었다고 하였으니 19세기까지 점성에 따른 기복

---

251 이만도(李晩燾),『향산집(響山集)』제19권, 행장, 生妣淑夫人冶城宋氏行略(한국고전DB). 추령은 천연두 치료를 위한 민간요법으로써 이용되기도 했는데, 이만도의 모친인 숙부인 야성 송씨는 가족 가운데 천연두를 앓는 사람이 있어도 세속을 따라 추령을 만들지 않았다고 기록되어 있다.

252 국립민속박물관, 앞의 책 36-37쪽. 짚으로 만들어 동전을 넣은 인형을 버려 액땜하는 풍습은 송나라 때 시작된 것으로 이를 '나후를 보낸다'고 설명하고 있다.

253 국립민속박물관, 앞의 책, 156-157쪽. '일직성을 만나면 정월보름날 붉은 종이를 둥글게 오려 싸릿가지에 꿰어 지붕 용마루에 꽂고, 월직성에는 달맞이를 하고, 수직성을 만나면 용밥을 주고, 목직성은 목욕재계하고 동쪽으로 절을 하며 화직성은 윗옷 동정을 태우고, 토직성에는 산에 올라 조를 뿌리며, 금직성은 태백성을 향해 절을 하고 계도직성은 버선 모양의 종이를 올려 일직성을 만났을 때와 같은 방식으로 용마루에 꽂는다.

소재 신앙에 대한 대중적 호응이 높았음을 알 수 있다.

조선 후기 세시기에 전하는 제웅과 관련된 내용을 정리하면 〈표 10〉과 같다.

〈표 10〉 세시기에 전하는 제웅치기

제목	내용
동국세시기 東國歲時記 (홍석모洪錫謨)	나이가 나후직성에 든 사람은 제웅(추령)을 만드는데 이것을 사투리로 처용이라 한다. 제웅 속에 액년을 당한 사람의 성명과 출생 간지를 적어서 넣고 또 그 머릿속에다 동전을 지어 넣어서 보름 전날, 곧 14일 밤 초저녁에 길에다 버려 액을 막는다. … 이것을 제웅치기라 한다(타추희). 처용의 이름은 신라 헌강왕 때 동해 용왕의 아들 이름에서 나온 것이다. 장악원 향악부에서 하는 처용무는 바로 여기에서 연유한 것이다. 그러므로 제웅이라 함은 이 처용에서 빌어온 말이다.
해동죽지 海東竹枝 (최영년崔永年)	〈제웅치기〉 옛 풍속에 정월 대보름날이면 풀을 묶어서 인형을 만든다. 머릿속에는 돈을 넣고 해진 옷을 입혀 싸라기죽으로 제사한 다음 해당되는 나후직성을 만난 사람의 생년월일을 적는다. 아이들은 돌아다니면서 제웅을 내어놓으라고 하여 내어놓으면 그것을 치니, 이를 제웅치기라고 한다.
세시기속 歲時記俗 (조운종 趙雲從)	〈상원〉 새해에 무당이나 점쟁이가 처용직성이 들었다고 겁을 주면 반드시 짚을 묶어서 사람의 형상을 만드니 이를 처용이라고 한다. 마을 아이들에게 길을 따라 다니며 인형을 치게 함으로써 그 재앙을 물리치는데 … 짚으로 만든 인형의 뱃속에는 동전 몇 닢을 넣어….
세시기歲時記 (조수삼趙秀三)	14일 밤에 성 안의 악소배들이 몽둥이를 들고 무리지어 다니는데 이를 '나후를 친다'라고 말한다.
한양세시기 漢陽歲時記 (권용정權用正)	그해의 직성법을 보아 일직성을 만나면 정월 대보름날 붉은 종이를 오려서 싸릿가지에 꿰어 지붕 용마루에 꽂는다. 월직성을 만나면 …나후직성을 만나면 남자는 처용을 만들고 여자는 종이 주머니를 만든 다음 동전을 넣어서 밖에 버린다. 계도직성을 만나면 종이에 버선 모양을 그린 다음 일직성을 만난 경우와 같이 꽂는다. 이 모든 일이 아무 소용 없음에도 불구하고 어리석은 사람들은 독실하게 믿는다.

정조 임금은 '정월 보름 전야에 아이들이 풀로 사람을 만들어 두드리는 것을 처용희(處容戱)라 한다'고 하였고 이를 나라의 풍속으로 그 전통을 이해하였다.[254] 김정희(金正喜, 1786-1856)의 시 〈상원에 추령을 상언에게 보내다(上元芻靈示商彦)〉 중 '나후성(羅睺星) 계도성(計都星)이 한 쌍으로 한 짝으로 해를 좇아 상치하네.'라는 대목은 19세기 추령을 만들어 소재하던 까닭이 라후와 계도의 해를 벗어나기 위함이었음을 알려 준다.[255] 또한『세시기』에 의하면 14일 밤 성 안의 악소배들이 몽둥이를 들고 무리지어 다녔는데 이를 '나후를 친다' 또는 '나후를 보낸다'는 말로 표현했다고 한다.[256]

제웅치기는 정월 밤에 가족 중 라후가 직성으로 든 사람이 있으면 행했던 세시풍습으로 남자와 여자의 소재 방법이 서로 달랐다. 직성이 드는 나이는 여자의 경우 당(唐)대 저술된 경전인『범천화라구요』와 동일하지만 남자의 나이는 여자보다 1년씩 더 늦다.『한양세시기』에서도 나후직성을 만나면 남자는 처용을 만들고 여자는 종이 주머니를 만든 다음 동전을 넣어서 밖으로 버린다고 기록되어 있어 성별에 따른 소재 방식의 차이가 나타나고 있다.[257] 제웅치기는 지역마다 그 형태나 방법은 조금씩 다르지만 인형이 인간의 모습을 하고 있는 점이나 신체를 만드는 과정 면에서는 전국적으로 동일성을 보인다. 이는 라후의 형상

---

254 『조선왕조실록』, 정조 5년 신축년, 1월 17일, '上元前夜, 街兒市童之成群作隊, 競拍草人, 名之曰處容戱. 事近不經, 亦一勝事. 鄕人儺, 聖人猶且敬之. 蓋除夕之儺禮, 元宵之俑戱, 皆由國俗, 則豈可設法禁止, 以致繹騷之弊乎'.
255 김정희, 『완당전집(阮堂全集)』제10권, 시 '日月木金羅計靈 年雙年隻逐年丁 一錢飽與芻靈腹 門外兒童叫直星.'
256 조수삼, 『추재집(秋齋集)』, 세시기(歲時記), 『조선대세시기 I 』, 국립민속박물관, 2003, 36쪽. 라후 치기는 송나라 때 시작되었다고 한다.
257 권용정, 〈한양세시기〉, 『조선대세시기』, 국립민속박물관, 2003.

을 만들거나 그려 공양물인 돈을 두고 기도하면 악재가 호재로 바뀐다는 라후 신앙과 부합하는 것으로 라후부적에 공양자의 생년월일시를 적어 소재를 기도했던 고대의 신행법이 전승되어 온 것임을 알 수 있다.

역신이 퍼트리는 병은 죽음에 이를 수도 있는 무서운 재앙이었기 때문에 라후의 다양한 성격 가운데 전염병을 전파하는 능력이 대중에게 널리 알려져 무속으로도 전승되었다.[258] 무속에서 집집마다 찾아다니며 천연두를 앓게 하는 귀신은 호구별성(戶口別星) 혹은 별상(別上)이라 하기도 하고 외국에서 건너왔다 하여 '손님'별이라고도 불린다.[259] 『다산필담(茶山筆談)』에 '무당이 두창귀신인 별성을 떠나보내는 길을 만들 때 길 양쪽에 황토를 쏟아놓는데 이는 태양의 황도를 의미한다.'고 하니 이를 바탕으로 호구별성과 성수 신앙의 연관성을 살펴볼 수 있다.[260] 천연두귀신을 쫓을 때도 같은 방법을 쓰는데 귀신의 이름을 별성이라

---

258 김경주, 앞의 논문. 민속학적 접근을 통해 처용 설화를 해석한 대부분의 연구는 처용을 용신이면서 무속인으로 보고, 처용이 역신을 물리치는 구역신(驅疫神)으로 신격화된 과정을 서술한 무속신화로서 처용 설화를 이해한다.

259 염원희, 「서울굿 〈호구거리〉의 성격 변화」, 『한국무속학』 제21집, 2010, 284-285쪽. 이 귀신은 '마누라'라는 말로 지칭되기도 하는데 서울 지역 무가(巫歌)에서 호구가 '마마에 걸려 죽은 인물'을 의미하는 것을 참고하면 아마도 역신이 범했던 처용의 아내를 말하는 듯하다; 홍태한, 「한국 무속 별상과 별성 신령의 성격과 의미」, 『비교민속학』 제39집, 2009, 499-501쪽. 별성은 호구아씨라 불리기도 하며 천연두와 관련된 역신이다. 서울의 별상은 장군형의 남신이지만 경기도 지역의 별상은 호구별성과 같은 성격의 신이었다. 별상은 무장의 모습을 하고 무기를 들고 있는 장군형의 남성상이 많고 호구별성은 여성 신령으로 족두리를 쓴 모습이 다수다; 인도와 중국의 역신은 여성 형상이기 때문에 조선 후기 무속에서 호구별성의 여성형 표현에는 외래 역신상의 영향이 있었던 것으로 추정되며 추후 심층 연구가 요구된다.

260 정약용(丁若鏞), 『목민심서(牧民心書)』 卷12, 6條 工典, 5條 道路, '茶山筆談云 御路之 脊鋪以黃土 未詳所始 或云象太陽黃道 不知然否 奉使臣入郡縣 另以黃土一畚瀉于兩旁 亦自五里亭抵館舍而已 巫送痘鬼亦用此法 以其名別星也.'(한국고전종합DB)

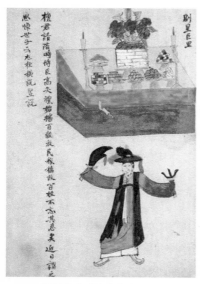

한다고 기록되어 있다.

별성이 라후를 의미하는 신성을 나타낸다는 사실은 19세기 서울의 굿거리를 그림과 해설로 표현한 『무당내력(巫黨來歷)』의 〈별성(別星)거리〉를 통해서도 확인된다. 별성굿 장면을 그린 삽도 좌측의 화제에는 별성거리가 농사짓는 법을 알려준 단군의 신하인 '고씨'를 모시는 거리라고 적혀 있다.[261](도 64) 이는 별성이 농경신으로서 이해되었음을 의미하는 것으로, 인도의 베다(Vedic) 점성에서 라후와 같은 성격으로 여겨

도 64. 별성거리, 『무당내력』, 19세기, 서울대 규장각 소장

지던 토성과 나아가 그 토성의 영문 명칭 새턴(Saturn)의 기원이 되는 로마의 농경신 사투르누스(Saturnus)와의 연관성까지 추론해볼 수 있다.

별성거리를 행하는 무당은 군인이 쓰는 전립(戰笠)을 쓰고 붉은 저고리와 푸른 치마 위로 검은색 태자를 걸쳤고 손에는 무기를 들고 있다. 굿거리에서 무당이 입은 옷과 손에 든 지물은 그 거리에 등장하는 신격을 나타내는 것이라는 점을 염두에 둔다면 별성거리 무당의 군인 복장과 별상은 무장(武將)의 형태로 표현되던 라후의 도상에서 유래된

---

261 난곡(蘭谷), 『무당내력(巫堂來歷)』, '君請陪時侍臣高矢禮 始播栢谷敎民稼穡 故百姓 不忘其恩 失近日 謂之思悼世子云 尤極橫說堅說'. 서울대 규장각; 변지선, 「〈무당내력〉류의 별성거리의 성격과 의의」, 『세계문학비교연구』 50권 0호, 2015. 참조. 별성의 신격은 단군·최영장군·사도세자 등의 다양한 변화를 보인다.

것으로 추정이 가능하다.[262] 고려 불화에 그려진 라후는 도교 성수도상의 영향으로 관모를 착용하고 홀을 쥔 인물로 표현되었지만 밀교에서 구요 가운데 화성과 라후, 계도는 명왕과 유사한 분노존으로 표현된다. 이들 성신도상들은 이후 시대를 따라 전승되며 명왕과 같은 비인간적 형상에서 점차 사천왕상과 같이 갑주를 입고 무구(武具)를 든 무인 형태로 변모한다. 1673년 불암사(佛巖寺)에서 개판된 『석씨원류응화사적(釋氏源流應化事蹟木板)』의 〈설주소재(說呪消災)〉에서 구요성신과 함께 강

도 65. 〈설주소재〉, 『석씨원류』 판화 부분, 1673년.

림하는 치성광여래의 향 좌 하측에 그려진 라후는 갑옷을 입고 무기를 가진 무장(武將)형 인물로 묘사되어 있다.(도 65)

참고문헌

1. 경전

『大乘經呪』

『大乘三聚懺悔經』, 『高麗大藏經』 K-541(14-467), 동국역경원.

『大正新修大藏經』 券21, 券58, 大正一切経刊行會.

『摩登伽經』 券2, 『高麗大藏經』 K-0766, 동국역경원.

『文殊師利菩薩及諸仙所說吉凶時日善惡宿曜經』, 『高麗大藏經』 K-1367(37-261), 동국역경원.

『梵天火羅九曜』, 『大正新修大藏經』 No.1311, 大正一切経刊行會.

『佛母大孔雀明王經』 券3, 『大正新脩大藏経』 券19, 大正一切経刊行會.

『佛說大威德金輪佛頂熾盛光如來消除一切災難陀羅尼經』, K-1171, 동국역경원.

『佛說大威德熾盛光諸星宿調伏災消吉祥陀羅尼經』

『佛說預修十王生七經』, 국립중앙도서관[청구기호 古貴(1741-40)].

『五千五百佛名神呪除障滅罪經)』, 『高麗大藏經』 K-394(12-1225) 동국역경원.

『天地冥陽水陸齋儀梵音刪補集』, 中券, 국립중앙도서관(청구기호 한古朝21-151).

『太上感應篇』, 중앙인서관, 1935[국립중앙도서관(청구기호 M古1-2000-553)].

『賢劫經』, 『高麗大藏經』 K-387(12-700), 동국역경원.

2. 사료

1) 국내

『高麗史』, 국립중앙도서관(청구기호 M古3-2002-87).

『高麗史節要』, 국립중앙도서관(청구기호 M古1-2012-18).

權近, 「陽村集」, 『陽村先生文集』 券29, 국립중앙도서관(청구기호 M古1-2000-602).

金富軾, 『三國史記』, 국립중앙도서관(청구기호 M古1-1998-252).

金時習, 『梅月堂集』, 국립중앙도서관(청구기호 M古2-2010-76).

金坦月, 『楡岾寺本末寺誌』, 한국학문헌연구소, 서울: 아세아문화사, 1977.

蘭谷, 『巫堂來歷』, 서울대학교 규장각 소장.

『東文選』, 국립중앙도서관(청구기호 M古1-2010-202).

徐居正, 『筆苑雜記』, 국립중앙도서관 디지털열람실(청구기호 古2150-6).

『朝鮮王朝實錄』, 국사편찬위원회 한국사 데이터베이스.

『續東文選』, 국립중앙도서관 디지털열람실(표준번호 UCI G701: B-00047970508, UCI G701: B-00047968322, UCI G701: B-00047968323).

『新增東國輿地勝覽』, 국립중앙도서관(청구기호 M古1-1999-2).

沈魯崇, 『南遷日錄』, 국립중앙도서관 디지털열람실(청구기호 한貴古朝51-나8).

李圭景, 『五洲衍文長箋散稿』, 「痘疫有神辨證說」, 한국학중앙연구원.
　　　李奎報, 『東國李相國全集』, 국립중앙도서관(청구기호 M古1-2014-273).

李道孜, 〈北斗醮祭文〉, 『復齋先生集下』, 한국역대문집총서, 한국학종합데이터베이스

李晚燾, 『響山集』, 한국학중앙연구원.

李文楗, 『默齋日記』, 국립중앙도서관(청구기호 M古1-2006-332).

李穡, 『牧隱詩藁』, 국립중앙도서관(청구기호 古3644-214).

李純之, 〈行年直曜起例〉, 『選擇要略』, 中券, 국립중앙도서관 디지털열람실(청구기호 한古朝19-27).

李仁老, 『破閑集』, 국립중앙도서관(청구기호 古3648-62-377).

李瀷, 〈北鄙〉, 『星湖僿說』 券13, 국립중앙도서관 디지털열람실(표준번호 UCI G701: B-00047988682).

李齊賢, 「益齋亂藁」, 『益齋集』 券1, 국립중앙도서관 디지털열람실(표준번호 UCI G701: B-00109939758).

一然, 『三國遺事』 券2 〈紀異〉, 券3 〈紀異〉2, 국립중앙도서관(청구기호 M古1-2005-300).

趙秀三, 〈歲時記〉, 『秋齋集』, 『조선대세시기 I』, 서울: 국립민속박물관, 2003.

丁若鏞, 『牧民心書』 국립중앙도서관(청구기호 M古1-2013-40).

正祖, 『弘齋全書』, 국립중앙도서관(청구기호 M古1-1999-229).

『貞元新定釋敎目錄』, 『高麗大藏經』 K-1401, 서울: 동국역경원, 2009.

『朝鮮王朝實錄』, 국사편찬위원회 한국사 데이터베이스.

韓致奫, 『海東歷史』 券17, 〈星曆志〉, 국립중앙도서관(청구기호 M古1-2012-77).

洪錫謨, 최대림 역, 『東國歲時記』, 서울: 홍신문화사, 1989.

2) 국외

(1) 중국

羅睺符籍, 영국박물관(유물번호 Asia OA 1919,1-1,0.170), 영국도서관(청구기호 Or. 8210/S.5666).

班固, 「藝文志」, 『漢書』(이세열 역, 『한서예문지』, 서울: 자유문고, 1995).

司馬遷, 「天官書」, 『史記』, E-Book, 서울: 한불학예사, 2013.

徐兢, 『宣和奉使高麗圖經』 券17, 券18, 국립중앙도서관 디지털열람실(표준번호 UCI G701: B-00047981403).

『宣和畵譜』 券2(신영주 외 역, 『선화화보: 북송 휘종의 회화 인물사』, 서울: 문자향, 2018).

『宋高僧傳』 券28, 券30, 『大正新修大藏經』 No. 2061, 大正一切経刊行會.

水曜符籍, 영국박물관(유물번호 Asia OA 1919,1-1,0.170), 영국도서관(청구기호 Or. 8210/S.5666).

〈連州地藏院慧慈明識大師〉, 김월운 역, 『景德傳燈錄』, 券3, 서울: 동국역경원, 2008.

韋絢, 『劉賓客嘉話录』附編(『四庫全書』 卷14), 국립중앙도서관 디지털자료실(표준기호 UCI G701: B-00047696688).

『全唐詩』 第12函, 第8冊, 국립중앙도서관 디지털자료실(표준번호 UCI G701: B-00047968176).

〈弟子孫十四娘子爲亡父母造熾盛光佛像記〉, 浙江錢塘 출토, 中央研究院傅斯年圖書館 소장.

陳壽, 「魏書」, 『三國志』 券30, 국립중앙도서관[청구기호 912.033-진848ㅅ-1992(1)].

〈千秋歳〉, 『高峰龍泉院因師集賢語錄』(『(新纂)大日本續藏經』 券65), 東京: 國書刊行會.

靑州龍興寺香爐座題記拓片, 后晋 天福五年(940年), 中國靑州博物館 소장.

(2) 일본

円仁, 신복룡 역·주해, 『入唐求法巡禮行記』 券1, 서울: 선인, 2007.

『日本三代實錄』 券8, 국립중앙도서관(청구기호 6-20-A144-8).

(3) 기타

Abû Ma'shar, 〈Traité des nativités, attribué à Aboû Maʻschar〉, 36×26cm, 『Kitâb al-Mawalid』, 1300년.

Ibn Khordadbeh, 『도로와 왕국 총람(Kitab al-Masalik w'al Mamalik)』, 1067.

3. 단행본

1) 국내

『경천사십층석탑 I, II, III』, 서울: 국립문화재 연구소, 2006.

고유섭, 『松都의 古蹟』, 서울: 열화당, 1977.

김일권, 『동양천문사상 - 하늘의 역사』, 서울: 예문서원, 2007.

김정희, 『조선시대 지장시왕도 연구』 서울: 일지사, 1996.

서윤길, 「구요의 기원에 관해서」, 『고려밀교사상사연구』, 서울: 불광출판부, 1994.

신형식, 「신라와 서역과의 관계」, 『신라인의 실크로드』, 서울: 백산자료원, 2002.

『영국박물관 소장 한국문화재』, 서울: 국립문화재연구소, 2016.

이길표, 『전통가례』, 서울: 한국문화재보호재단, 2000.

이난영, 「통일신라공예의 대외교섭」, 『통일신라미술의 대외교섭』, 서울: 한국미술
　　　사학회, 2001.

이혜주, 『신역 악학궤범』, 서울: 국립국악원, 2000.

이희수, 『한-이슬람 교류사』, 서울: 문덕사, 1991.

장동익, 『宋代麗史資料集錄』, 서울: 서울대학교출판부, 2001.

장충식, 『한국의 塔』, 서울: 일지사, 1989.

정수일, 『이슬람문명』, 파주: 창작과비평, 2002.

『조선대세시기』, 서울: 국립민속박물관, 2003.

『한국의 사찰문화재-서울특별시 자료집』, 대전: 문화재청, 2013.

홍윤식, 「원각사지 10층석탑의 조각내용과 그 역사적 의의」, 『원각사지 10층석탑
　　　실측조사보고서』, 문화재관리국, 1993.

2) 국외

(1) 중국

곽약허 저, 박은화 역, 『도화견문지』, 서울: 시공사, 2005.

웨난 저, 이일귀 역, 『마왕퇴의 귀부인』, 서울: 일빛출판사, 2001.

楚啓恩, 『중국벽화사』, 북경: 북경공예미술출판사, 1999.

허호구 저, 신용호 역, 「大中祥符觀新修九曜閣記」, 『唐宋八代家門鈔』 왕안석 1, 서울: 전통문화연구회, 2010.

(2) 일본

『小彌陀懺文』, 일본소재 한국사 자료 조사보고 제3, 한국사 데이터베이스 해외사료총서 제15권.

『神仏習合－かみとほとけが織りなす信仰と美―』 特別殿圖錄, 奈良國立博物館, 2007.

야노 미치오 저, 전용훈 역, 『밀교점성술과 수요경』, 서울: 동국대학교출판부, 2010.

야부우치 키요시(藪內淸), 유경로 역, 『中國의 天文學』, 서울: 電波科學社, 1985.

(3) 기타

안넬리제·페터 카일하우어 저, 김재성 역, 『힌두교의 그림언어 - 인도 신들의 세계와 그들의 상징체계』, 서울: 동문선, 2008.

조셉, 로렌스 E. 저, 강미경 역, 『아포칼립스 2012: 최고의 시간과학자 마야가 예언한 문명 종말 보고서』, 서울: 황금나침판, 2007.

Komilla Sutton, 『Lunar Nodes-Crisis and Redemption』, The UK: Wessex Astrologer, 2001.

Prash Trivedi, 『The Key of Life: Astrology of the Lunar Nodes』, USA: Lotuspress, 2002.

Stefano Carboni, 『Following the Stars: Images of the Zodiac in Islamic Art』, USA: Metropolitan Museum of Art, 1997.

Stephen Little with Shawn Eichman, 『Taoism and the Arts of China』, Chicago: The Art Institute of Chicago, 2000.

4. 논문

1) 국내

강승일, 「고대 메소포타미아의 점성술과 구약성경에 나타나는 그 흔적들」, 『서양고대사연구』 29, 대전: 한국서양고대역사문화학회, 2011.

고유섭,「藥師信仰과 新羅美術」,『春秋』2, 서울: 통문관, 1941.

곽성영(승범),「생전예수재의 현장론적 이해와 의례의 축제성 연구」, 동방문화대
　　　학원대학교 박사학위논문, 2017.

권덕영,「在唐 新羅人의 綜合的 考察」-9세기를 중심으로-,『역사와 경계』48, 부
　　　산: 부산경남사학회, 2003.

_____,「唐 武宗의 廢佛과 新羅 求法僧의 動向」,『정신문화연구』54, 성남: 한국
　　　정신문화연구원, 1994.

김경미,「조선 전반기 티베트계 명양식 불교미술의 영향연구」, 고려대학교 박사학
　　　위논문, 2013.

김규봉,「서양점성학의 12사인과 사주 명리학의 12지지와의 비교연구」, 국제문화
　　　대학원대학교 석사학위논문, 2009.

김문경,「적산 법화원의 불교의식-불교 대중화 과정의 일척」,『사학지』1, 서울:
　　　단국사학회, 1967.

김성순,「도류승의 정체성과 독경활동: 무경으로 전용되는 경전들」,『전통문화논
　　　총』16, 부여: 한국전통문화대학교 한국전통문화연구소, 2015.

김수연,『高麗時代 密敎史 硏究』, 이화여자대학교 박사학위논문, 2011.

김수연,「高麗後期 摠持宗의 활동과 사상사적 의미」,『회당학보』16권, 경주: 회당
　　　학회, 2011.

김영태,「百濟 琳聖太子와 妙見信仰의 日本傳來」,『佛敎學報』20, 서울: 동국대학
　　　교 불교문화연구원, 1983.

김일권,「고려 치성광불화의 도상 분석과 도불교섭적 천문사상 연구」,『천태학연
　　　구』, 서울: 원각불교사상연구원, 2002.

_____,「唐宋代의 明堂儀禮 변천과 그 天文宇宙論적 운용」,『종교와 문화』16,
　　　서울: 서울대학교 종교문제연구소, 2000.

김창석,「8-9세기 이슬람 제종족의 신라 來往과 그 배경」,『한국고대사연구』44,
　　　서울: 한국고대사학회, 2006.

김철웅,「고려 道敎의 殿·色·所」,『사학연구』제108호, 과천: 한국사학회, 2012.

_____,「高麗時代『雜祀』硏究」-醮祭, 山川, 城隍祭祀를 중심으로-」, 고려대학교
　　　박사학위논문, 2001.

_____,「조선전기의 참성초례」,『도교문화연구』28, 군산: 한국도교문화학회, 2008.

_____,「조선초의 道敎와 醮禮」,『한국사상사학』19, 서울: 한국사상사학회, 2002.

남희숙, 「16~18세기 불교의식집의 간행과 불교대중화」, 『한국문화』 34, 서울: 서울
　　대학교 규장각한국학연구원, 2004.

다니엘 B. 스티븐슨 저, 우제선 역, 「중국 후기 天台四宗三昧의 儀禮集연구-천태
　　의례문헌 상호비교를 중심으로」, 『천태학연구』 제7집, 단양: 천태불교문
　　화연구원, 2005.

문명대, 「敬天寺 10층 石塔의 16佛會圖 부조상의 연구」, 『강좌미술사』 22, 서울:
　　한국불교미술사학회, 2004.

박도화, 「高麗佛畵와 西夏佛畵의 圖像的 관련성-阿彌陀三尊來迎圖와 慈悲道場懺法
　　變相圖를 중심으로」, 『古文化』, 第52輯, 서울: 한국대학박물관협회, 1998.

_____, 「15세기 후반기 왕실발원 판화-정희대왕대비 발원본을 중심으로-」, 『강
　　좌미술사』 19, 서울: 한국불교미술사학회, 2002.

박영창, 「서양점성학과 사주학」, 『정신과학』 11 천문편, 공주: 공주대학교정신과
　　학연구소, 2005.

박종식, 정승석, 「Navagraha(九曜) 개념의 융합적 전개 – 힌두교와 불교의 의학적
　　적용을 중심으로」, 『불교학보』 제85집, 서울: 동국대학교 불교문화연구
　　원, 2018.

박효열, 「조선후기 칠성도 비교연구-전라도 지역과 경기도 지역의 양식 비교를 중
　　심으로-」, 동국대학교 석사학위논문, 1998.

변지선, 「〈무당내력〉류의 별성거리의 성격과 의의」, 『세계문학비교연구』 50권 0
　　호, 용인: 세계문학비교학회, 2015.

서경전, 「한국의 칠성신앙연구」, 『圓大論文集』 14, 익산: 원광대학교, 1980.

서윤길, 「高麗의 帝釋信仰」, 『佛敎學報』 15, 서울: 동국대학교 불교문화연구원, 1978.

손경수, 「韓國 十二支生肖의 연구」, 『梨大史苑』 제4집, 서울: 이화여자대학교사학
　　회, 1962.

송지원, 「조선시대 별에 대한 제사 영성제와 노인성제 연구」, 『규장각』 30, 서울:
　　서울대학교 규장각한국학연구원, 2007.

신소연, 「원각사지십층석탑의 서유기 부조」, 서울대학교 석사학위논문, 2003.

신은정, 「경천사십층석탑의 종합적 연구」, 동국대학교 석사학위논문, 2003.

여인석, 「삼국시대의 불교교학과 치병활동의 관계」, 『醫史學』 제5권, 제2호(통권
　　제9호), 서울: 대한의사학회, 1996.

염원희, 「서울굿 〈호구거리〉의 성격 변화」, 『한국무속학』 제21집, 서울: 한국무속

학회, 2010.

우주옥, 「高麗時代 線刻佛像鏡과 密教儀式」, 『美術史學』 24, 서울: 한국미술사교
　　육학회, 2010.

윤명철, 「蔚山의 海港都市的 성격과 國際港路 -신라와 관련하여-」, 『한일관계사연
　　구』 38, 서울: 한일관계사학회, 2011.

이도흠, 「처용가의 화쟁기호학적 연구」, 『동아시아 문화연구』 24, 서울: 한양대학
　　교 동아시아문화연구소, 1994.

이동은, 『朝鮮後期 서울·경기지역 熾盛光如來降臨圖硏究』, 「향토서울」 80, 서울:
　　서울역사편찬원, 2012.

이성규, 「고대중국의 점성학-그 특성과 중국사상에 대한 영향」, 『한국과학사학회
　　지』 16, 서울: 한국과학사학회, 1984.

이용범, 「處容說話의 一考察-당대 이슬람 상인과 신라-」, 『진단학보』 32, 서울: 진
　　단학회, 1969.

이용준, 「사주학역사와 격국용신론의 변천과정」, 경기대학교 석사학위논문, 2005.

이유진, 「9세기 재당신라인의 활동에 대하여-〈입당구법순례행기〉를 중심으로」,
　　『중국사연구』 13, 대구: 중국사학회, 2001.

이은경, 「藥師信仰에 關한 硏究」, 원광대학교 석사학위논문, 1993.

이은희, 한영호, 강민정, 「사여의 중국 전래와 동서 천문학의 교류」, 『한국과학사
　　학회지』 vol. 36, 서울: 한국과학사학회, 2014.

이태희, 「조선후기 선서의 수용과 유행의 요인-〈增訂敬信錄〉과 〈경신록언석〉의
　　내용 분석을 중심으로」, 『국제어문』 69, 제천: 국제어문학회, 2016.

임기영, 「안동 광흥사 간행 불서의 서지적 연구」, 『서지학연구』 55, 수원: 한국서
　　지학회, 2013.

임수빈·김성남, 「불화로 살펴본 조선시대 거두미의 시원에 관한 고찰」, 『한국미용
　　예술학회지』 7(3) (통권 20), 대구: 한국인체미용예술학회, 2013.

전기웅, 「〈삼국유사〉소재 '眞聖女大王居陀知'조 설화의 검토」, 『한국민족문화』 38,
　　서울: 한국민족문화연구소, 2010.

전동혁, 「밀교의 수용과 그것의 한국전개(2): 밀교종파 총지종의 형성과 전개」,
　　『중앙승가대학논문집』 vol. 4, 김포: 중앙승가대학교, 1995.

정병삼, 「8세기 신라의 불교사상과 문화」, 『新羅文化』 25, 서울: 동국대학교 신라
　　문화연구소, 2005.

_____, 「신라 구법승의 구법과 전도 - 圓測과 義相, 無相과 道義를 중심으로」, 『불교연구』 27, 서울: 한국불교연구원, 2007.

정수형, 「보스턴미술관 한국미술품 소장사」, 『미술자료』 84, 서울: 국립 중앙 박물관, 2013.

정연식, 「작제건 설화의 새로운 해석」, 『한국사연구』 158, 서울: 한국사연구회, 2012.

정우택, 「日本 아이치현 지역 조선시대 전기 불화의 조사 연구」, 『미술사논단』 33, 서울: 한국미술연구소, 2011.

정은우, 「경천사지10층석탑과 삼세불회고」, 『미술사연구』 19, 서울: 미술사연구회, 2005.

정진희, 「중국 치성광여래 도상 고찰 II」, 『불교학보』 제63집, 동국대불교문화연구원, 2012.

_____, 「고려 치성광여래 신앙고찰」, 『정신문화연구』 제132권, 한국학중앙연구원, 2013.

_____, 「보스턴 미술관 소장 고려 치성광여래 강림도의 도상고찰」, 『정신문화연구』 제137권, 한국학중앙연구원, 2014.

_____, 「여말선초 치성광여래 신앙과 도상의 전래-『고려사』기사를 중심으로-」, 『한국고대사탐구』 제20호, 한국고대사탐구학회, 2015.

_____, 「한국치성광여래신앙과 도상 연구」, 동국대학교 박사학위논문, 2017(a).

_____, 「서울 안양암 금륜전 치성광여래 조상과 불화연구」, 『서울학 연구』 제69호, 서울학연구소, 2017(b)

_____, 「조선후기 칠성신앙의 도불습합 연구-도선암본 〈태상현령북두본명연생진경〉을 중심으로-」, 『한국학』 제42권, 한국학중앙연구원, 2019.

_____, 「고성 옥천사 연대암 치성광여래도 도상연구-칠성각부도상을 중심으로」, 『동악』 27호, 2020.

최성은, 「高麗時代 護持佛 摩利支天像에 대한 고찰」, 『佛教研究』 vol. 29, 서울: 한국불교연구원, 2008.

최연식, 「《健拏標訶一乘修行者秘密義記》와 羅末麗初 華嚴學의 一動向」, 『한국사연구』 126, 서울: 한국사연구회, 2004.

최영호, 「고려시대 송나라 해상 무역상인의 활동 시기와 양상」, 『인간과 문화연구』 16, 부산: 동의대학교 인문사회연구소, 2010.

최종세, 「공자진의 〈己亥雜詩〉譯註(8)」, 『中國語文論叢』, 서울: 중국어문연구회, 1998.

하태석, 「처용 형상의 변용 양상-처용전승을 중심으로」, 『어문논집』 제47, 서울: 민족어문학회, 2003.

홍태한, 「한국 무속 별상과 별성 신령의 성격과 의미」, 『비교민속학』 제39집, 서울: 비교민속학회, 2009.

황루시, 「巫俗의 天神儀禮에 관한 硏究」, 『비교민속학』 22권, 서울: 비교민속학회, 2002.

황병익, 「역신의 정체와 신라 처용가의 의미고찰」, 『정신문화연구』 123(2), 성남: 한국학중앙연구원, 2011.

2) 국외

(1) 중국

鈕衞星, 「唐宋之際道敎十一曜星神崇拜的起源和流行」, 『世界宗敎硏究』, 北京: 中國社會科學院世界宗敎硏究所, 2012.

廖暘, 「〈大威德熾盛光如來吉祥陀羅尼經〉文本硏究」, 『敦煌硏究』 152, 敦煌: 敦煌硏究院, 2015.

李巳生, 「川密造像藝術初探」, 『中華佛學學報第』 第19期, 臺北: 中華佛學硏究所, 2006.

李森, 『龍興寺歷史与窖藏佛敎造像硏究』, 山東大學博士學位論文, 濟南: 山東大學, 2005.

李輝, 『漢譯佛經中的宿曜術硏究』, 上海交通大學博士學位論文, 上海: 上海交通大學, 2011.

孟嗣徽, 「熾盛光佛變相圖圖像硏究」, 『敦煌吐魯番硏究』 第2券, 北京: 北京大學出版社, 1997.

蕭登福, 「《大正藏》所收佛經中看道敎星斗崇拜對佛敎之影響」, 『台中商專學報』 第23期, 台中: 國立台中商業專科學校, 1991.

H·A 聶歷山 著, 崔紅芬·文志勇 澤, 「12世紀西夏國的星曜崇拜」, 『固原師專報(社會科學版)』 第26券, 第2期, 北京: 固原師范高等專科學校, 2005.

(2) 일본

姜素姸, 「熾盛光如來往臨圖」, 『國華』 第1313號, 東京: 國華社, 2005.

宮崎法子, 「山西省の寺觀壁畵-北宋から元まで-」, 『世界美術大全集-東洋編』 7, 東京: 小學館, 1999.

武田和昭, 『星曼茶羅の研究』, 東京: 法藏館, 2005.

Kotyk, Jefferey, 「漢字圈の文學における西方占星術の要素: 東西文化交流における仏教の役割」, 『駒澤大學佛教文學研究』 19, 東京: 駒澤大學仏教文學研究所, 2016.

(3) 기타

Alexander C. Soper, 「Hsiang-Kuo-Ssŭ. An Imperial Temple of Northern Sung」, 『Journal of the American Oriental Society』 Vol. 68, No. 1, 1948.

Balaji Mundkur, 「The Alleged Diffusion of Hindu Divine Symbols into Pre-Columbian Mesoamerica: A Critique」, 『Current Anthropology』 Vol. 19, No. 3, 1978.

E. A. Rodrigues, 『The Complete Hindoo Pantheon, Comprising the Principal Deities Worshipped by the Natives of British India Throughout Hindoostan: Being a Collection of the Gods and Goddesses Accompanied by a Succinct History and Descriptive of the Idols』, Harvard University, 1842.

Susan Whitfield, 「Under the censor's eye: printed almanacs and censorship in ninth-century China」, 『The British Library Journal』 24, UK: The British Library, 1998.

5. 전자자료

1) 신문기사

심재관, "3. 九曜", 「불교의 신들」, 〈법보신문〉, 2016. 01. 25, http://www.beopbo.com/news/articleView.html?idxno=90879, 2021. 04. 04 검색.

2) 사이트

李廌撰, 『덕우재화품(德隅齋畵品)』, https://zh.wikisource.org/wiki/%E5%BE%B7%E9%9A%85%E9%BD%8B%E7%95%AB%E5%93%81, 2021. 04. 05 검색.

『한글대장경』 http://abc.dongguk.edu, 2021. 04. 05 검색.

"黑水城文獻与西夏史硏究" 筆談, 之從星宿神灵崇拜看西夏文化的雜糅性

http://www.xjass.com, 2021. 04. 04 검색.

http://www.puja.net, 2021. 04. 06 검색.

정진희

동아대학교 사학과 졸업한 후 동국대 대학원에서
불교회화 전공으로 석사와 박사학위를 받았다.
문화재청 문화재감정위원으로 재직 중이며
현재 문화재청 문화재 전문위원, 경기도 문화재 전문위원으로
활동 중이다.
공동 저서로『德崇山 修德寺』,『空 - 鳳尾山 神勒寺』,
『옛사람들의 삶과 꿈』등이 있다.

치성광여래 신앙과 도상으로 살펴본
한반도 점성 신앙

초판 인쇄 | 2021년 5월 10일
초판 발행 | 2022년 10월 11일

지 은 이	정진희
발 행 인	한정희
발 행 처	양사재
편 집	김지선 유지혜 한주연 이다빈 김윤진
마 케 팅	전병관 하재일 유인순
출판번호	406-2007-000136호
주 소	파주시 회동길 445-1 경인빌딩 B동 4층
전 화	031-955-9300 팩 스 031-955-9310
홈페이지	www.kyunginp.co.kr
이 메 일	kyungin@kyunginp.co.kr

ISBN 979-11-85228-09-9 93220
값 15,000원

ⓒ 정진희, 2021

* 이 책은 저작권법에 의해 보호받는 저작물이므로 내용의 일부를 인용하거나
  발췌하는 것을 금합니다.
* 저작권자를 찾지 못한 사진에 대해서는 사용한 자료의 출처를 밝혔으며,
  저작권자가 확인되는 대로 일반적 기준에 따라 사용료를 지불하도록 하겠습니다